Sicher ist sicher. Bei aller Sorgfalt, die wir in der Recherche haben walten lassen, können sich Öffnungszeiten auch einmal kurzfristig ändern, oder ein Lokal ist gerade in Ihrer perfekten Bali-Woche ausgebucht oder geschlossen. Darum empfehlen wir, grundsätzlich möglichst weit im Voraus zu reservieren. Ein kurzer Anruf genügt, und Sie können sicher sein, zur vereinbarten Zeit einen Platz zu finden.

für die Süddeutsche Zeitung Edition
in Kooperation mit smart-travelling print UG, Berlin
Reihe „Eine perfekte Woche …“

Idee und Konzept: Nicola Bramigk, Nancy Bachmann
Projektleitung: Sabine Sternagel; Produktmanagement: Jasmin Seitner
Texte: Nancy Bachmann, Julia Bähr
Fotos: Nicola Bramigk
Gestaltung und Illustration: Cindy Bachmann, Jünger + Michel, Berlin
Herstellung: Thekla Licht, Hermann Weixler
Druck und Bindung: optimal media GmbH, Röbel/Müritz
ISBN: 978-3-86497-388-8

1. Auflage 2017

SMART
TRAVELLING

EINE PERFEKTE WOCHE ...
BALI

www.smart-travelling.net

LIEBLINGSADRESSEN AUF BALI

DIE SPIRITUELLE MITTE UBUD UND UMGEBUNG

Seite 13

1 Hotel/Restaurant:
Bambu Indah
Banjar Baung, Desa Sayan,
Ubud, 80571 Gianyar
Tel: 0062 (0) 361 977922
Seite 15

2 Hotel:
Blue Karma Resort
Jalan Suweta Desa Bentuyung,
Ubud, 80571 Gianyar
Tel: 0062 (0) 361 9081383
Seite 25

3 Hotel/Restaurant:
Como Shambala Estate
Banjar Begawan, Desa Melinggih,
Kelod, Payangan, 80571 Gianyar
Tel: 0062 (0) 361 978888
Seite 33

4 Café/Restaurant:
Alchemy
Jalan Raya Penestanan Kelod No. 75,
Ubud, 80571 Gianyar
Tel: 0062 (0) 361 971981
Seite 43

5 Hotel/Café/Aktion:
Roam
Jalan Raya Penestanan Kelod,
Ubud, 80571 Gianyar
Tel: 0062 (0) 361 4792884
Seite 49

6 Restaurant:
La Pacha Mama
Jalan Raya Penestanan Kelod 1,
Ubud, 80571 Gianyar
Tel: 0062 (0) 361 9080225
Seite 55

7 Café:
Lazy Cats Cafe
Jalan Raya Ubud No. 11,
Ubud, 80571 Gianyar
Tel: 0062 (0) 813 38822589
Seite 59

8 Café:
Seniman Coffee
Jalan Sriwedari No. 5, Banjar Taman
Kelod, Ubud, 80571 Gianyar
Tel: 0062 (0) 08123 6076640
Seite 65

9 Café:
Tukies Coconut Shop
Jalan Raya Ubud No. 14,
Ubud, 80571 Gianyar
Seite 69

10 Café/Aktion:
Yoga Barn
Jalan Raya Pengoseken
Ubud, 80571 Gianyar
Tel: 0062 (0) 361 971236
Seite 73

11 Café:
Atman Kafe
Jalan Hanoman No. 38 Kabupaten
Ubud, 80571 Gianyar
Tel: 0062 (0) 851 00620505
Seite 79

12 Aktion:
Ubud RAW Chocolate
Jalan Raya Sayan No. 74,
Ubud, 80571 Gianyar
Tel: 0062 (0) 361 975794
Seite 83

13 Restaurant:
Sari Organik
Jalan Subak Sok Wayah, Tjampuhan,
Ubud, 80571 Gianyar
Tel: 0062 (0) 361 972087
Seite 87

14 Restaurant:
Sayuri Healing Foods
Jalan Sukma No. 2,
Ubud, 80571 Gianyar
Tel: 0062 (0) 361 9080385
Seite 93

15 Hotel:
Green Spirit Villa
Jalan Raya Sayan,
Ubud, 80571 Gianyar
Tel: 0062 (0) 361 8989427
Seite 97

16 Restaurant/Aktion:
Jungle Fish
Jalan Raya Sebali,
Ubud, 80561 Keliki
Tel: 0062 (0) 361 8989104
Seite 101

17 Aktion:
Pura Tirta Empul
Jl. Tirta, Manukaya,
Tampaksiring, 80552 Gianyar

Seite 107

18 Hotel/Aktion:
Sarinbuana Eco Lodge
Jalan Arjuna, Br. Biyahan
Desa Wanagiri, 82152 Tabanan
Tel: 0062 (0) 828 97006079
Seite 113

DER HIPPE SÜDEN – SEMINYAK & CANGGU

Seite 123

19 Hotel/Restaurant/Café:
Desa Seni
Jalan Subak Sari No. 13, Pantai Berawa, Canggu, 80361 Badung
Tel: 0062 (0) 361 8446392
Seite 125

20 Café/Restaurant:
The Shady Shack
Jalan Tanah Barak 53,
Canggu, 80361 Badung
Tel: 0062 (0) 819 16395087
Seite 133

21 Café/Restaurant:
Watercress
Jalan Batu Belig No. 21 A,
Kerobokan, 80361 Badung
Tel: 0062 (0) 851 02808030
Seite 145

22 Café:
Sisterfields
Jalan Kayu Cendana No. 7,
Seminyak, 80361 Badung
Tel: 0062 (0) 361 738454
Seite 151

23 Restaurant/Aktion:
Potato Head Beach Club
Jalan Petitenget No. 51B ,
Seminyak, 80361 Badung
Tel: 0062 (0) 361 4737979
Seite 163

24 Café/Restaurant:
Shelter Cafe
Jalan Drupadi No. 2A,
Seminyak, 80361 Badung
Tel: 0062 (0) 813 37706471
Seite 171

25 Restaurant:
Kilo Kitchen
Jalan Drupadi No. 22, Kuta,
Seminyak, 80361 Badung
Tel: 0062 (0) 361 4741006
Seite 179

26 Hotel:
Villa Bella
Banjar Kuwum 2, Kerobokan,
Canggu, 80361 Badung
Tel: 0062 (0) 361 4731976
Seite 183

27 Aktion/Restaurant:
Samadi Organic
Jalan Padang Linjong No. 39,
Echo Beach Canggu, 80361 Badung
Tel: 0062 (0) 812 38312505
Seite 189

28 Café/Restaurant:
Milk & Madu
Jalan Pantai Berawa No. 52,
Kuta Utara, 80361 Canggu
Tel: 0062 (0) 851 02781872
Seite 193

☞ Weitere Adressen finden Sie unter www.smart-travelling.net

29 Aktion:
Sukhavati Spa
Br Bebengan Tangeb Abianbase,
Mengwi, 80351 Badung
Tel: 0062 (0) 361 9006128
Seite 199

GUT ZU WISSEN
Tipps
Ausflüge
Spaziergänge

Seiten 209-240

BALI – PARADIES AUF ERDEN

Bali – eine Insel, die verzaubert! Und tatsächlich, das Bali unserer Träume existiert. Das fängt schon mit der besonderen Lebensart und Kultur der Balinesen an – unzählige Tempel, kleine Altäre, duftende Opfergaben, farbenfrohe Zeremonien und prächtige Feste prägen den Alltag der Inselbewohner und ziehen jeden Besucher in den Bann. Auch die abwechslungsreiche Natur, mit atemberaubend schönen Landschaften, nebelverhangenen Vulkanen, sattgrünen Tälern, urigen Dörfern, gigantischen Wasserfällen, steilen Reisterrassen und paradiesischen Sandstränden ist einzigartig.
So vielseitig die balinesische Natur, so auch die kulinarischen Experiences, ob traditionell indonesische Küche im authentischen Warung, Breakfast Bowls aus tropischen Früchten im Surfer Shack, ayurvedische Kuren, frisch gepresste Säfte oder Kokosnüsse. Es ist wohl kein Geheimnis, dass die Insel der siebte Himmel für Foodies ist. Doch nicht nur das, mit seinen überwältigenden Architektur-, Hotel- und Food-Konzepten, unzähligen Yoga Studios und Zeremonien ist Bali Vorreiter für einen neuen bewussten Lebensstil, Pilgerort für Kreative, Spirituelle und Aussteiger.
Bali ist mehr als nur ein Ort, dieser Fleck Erde ist eine Stimmung, ein Ziel der Sehnsucht und ein magischer Gemütszustand zugleich, denn das Besondere der Insel ist ihre Seele.
Die vorliegende Auswahl konzentriert sich auf die Mitte, das Herz von Bali, Ubud, sowie auf den Süden der Insel, Seminyak und Canguu. Hier haben wir die größte Auswahl an Smart-Travelling-Lieblingsorten gefunden und es ist möglich, diese Orte auf einer zeitlich begrenzten Reise zu verbinden!

DIE SPIRITUELLE MITTE
UBUD UND UMGEBUNG

Im Herzen der Insel liegt Ubud. Die kleine Stadt am Fluss Ayung ist so lebendig, spirituell und kreativ, dass man leicht alles andere um sich herum vergisst. Das Meer ist weit weg, die Straßen sind voller Motorräder und kleiner Tuk Tuks, die saftig grünen Reisfelder, Kaffeefarmen und Tempel laden zum Erkunden ein. Im spirituellen Zentrum von Bali gibt es viel zu tun und doch auch wieder nichts, man kann einfach nur entspannt durch den Tag gleiten: vom Yogastudio zum Biocafé, danach zur Massage und zum Abschluss ins Rawfood-Restaurant. Dabei kann man leicht das Leben am anderen Ende der Welt vergessen.

Schon seit den 20er-Jahren ist Ubud kreativer Magnet von Künstlern und bis heute ein besonderer Treffpunkt für Gleichgesinnte aus der ganzen Welt, die sich nach Gemeinschaft sehnen und auf der Suche nach Balance und innerem Glück sind. Regelmäßig finden Literatur-, Food- und Spirit-Festivals statt, treffen Künstler auf Architekten, Raw-Food-Chefs auf Yogalehrer und Heiler. Mit dem Roam und Hubud gibt es gleich zwei beeindruckende Co-Working-Space-Konzepte, die Auswahl an Conscious-Food-Cafés und Restaurants ist unübertrefflich. Am idyllischsten wohnt es sich etwas außerhalb am Ayung und nahe der Reisfelder, ob in einfachen balinesischen Holzhütten oder komfortablen Eco-Lodges.

Durch seine zentrale Lage ist das lebendige Städtchen der perfekte Ausgangspunkt für Ausflüge und Erkundungen rund um die Insel, ob man den Holy-Water-Tempel besucht, den Mount Batur besteigt, durch die berühmten Reisterrassen spaziert oder sich im Kajak durch atemberaubende tropische Dschungelnatur gleiten lässt.

BAMBU INDAH

Im Bambu Indah zu wohnen ist eine einmalige und unvergessliche Erfahrung. Das fängt schon bei der Übernachtung an, in einem der einzigartigen elf antiken „bridal homes", die John Hardy aus Java importierte, um sie im Bambu Indah zu restaurieren und als Unterkunft einzusetzen. Ob die formschöne Pagode, die über vier Stockwerke geht, das Sumba-Haus mit vielen afrikanischen Details und komplett aus Bambus oder das Elora & Orin-Haus, nach seinen Kindern benannt, mit dem schönsten Outdoor-Dschungel-Bad und einem riesigen Bergkristall auf der Terrasse – erholter und inspirierter kann man in Bali nicht aufwachen. Was anfangs Johns Sammelleidenschaft war und dem Wunsch entsprang, Freunde zu beherbergen, die zu Besuch kommen, ist heute ein Eco-Resort für Gleichgesinnte geworden, das in seiner Schönheit und Detailverliebtheit weltweit einmalig ist. Im Restaurant werden köstliche indonesische Gerichte serviert, alles natürlich bio und vieles davon kommt direkt aus dem Garten. Vom Chiara Treehouse, das hoch oben in der Luft schwebt, kann man die wunderbare Aussicht auf die Reisterrassen genießen oder mit dem spacigen Fahrstuhl ins Tal fahren zu den natürlichen Quellpools, die malerisch am Fluss liegen.
Wer doch mal das Paradies verlassen will, kann vom Hotel individuell gebuchte Ausflüge zu den Reisterrassen oder dem Holy-Water-Tempel genießen.

1 Bambu Indah Adresse: Banjar Baung, Desa Sayan, Ubud, 80571 Gianyar
Tel: 0062 (0) 361 977922 Internet: www.bambuindah.com
Preise: DZ ab $199 inkl. Frühstück

GYPSET
LIVING

From Our Farm
to Your table
Mr. Jackfruit
Organic brown rice or salad, Steak
Satay, shredded jackfruit, jackfruit fries
jackfruit rendang, urap jackfruit
Served with peanut sauce & sambal

Interview mit Orin Hardy

Sohn vom Bambu-Indah-Besitzer John Hardy

Wie kam Dein Vater dazu, einen so einmaligen Ort wie das Bambu Indah zu kreieren?

Viele Jahre auf Bali! Mein Vater kam vor etwa 40 Jahren als Backpacker nach Indonesien. Er wollte mit meiner Mutter um die Welt reisen und ist auf Bali hängen geblieben, fasziniert von dem Spirit und der Schönheit der Insel. Angefangen hat er mit seinem eigenem Schmucklabel John Hardy, mit dem er balinesisches Design in die westliche Welt gebracht hat. 2007 hat er ein Stück Farmland gekauft, antike Holzhütten aus Java daraufgesetzt und Freunde eingeladen, mit uns zu wohnen nach dem Motto „Move in with us".

Alles ist hier auf den Punkt und jedes Detail stimmt.

Ja, mein Vater hat den Anspruch, alles was er tut, exzeptionell zu machen. Er wird sogar wütend, wenn etwas nicht perfekt ist. Als Zugezogener fühlt er sich verantwortlich, die Schönheit und den Spirit der Insel, die er so liebt, zu erhalten als Gegenbewegung zu dem Beton und der Hässlichkeit, die um uns herum zunimmt. Das Bambu Indah ist seine Antwort darauf. Ein Eco-Resort, wo Farmland produktiv gemacht und gesundes Essen angebaut wird, das wir dann im Restaurant verarbeiten. Hier wollen wir Bewusstsein für die Natur schaffen und den Bali-Besuchern eine authentische Erfahrung bieten.

Was ist Deine Rolle?

Ich betreibe eine Permakultur-Farm, die Kul Kul Farm, eine halbe Stunde von hier entfernt, die auch die Green School, das neueste Projekt meines Vaters, beliefert. Unser Food-System ist ein Desaster! Mit meiner Farm möchte ich Menschen helfen, sich wieder mit der Natur zu verbinden und Bewusstsein schaffen für umweltfreundliche Alternativen: wie zum Beispiel eine Tomate aussieht, die aus gesundem Boden kommt! Wir bieten unter anderem zweiwöchige Workshops für Architekten, Designer und Künstler an, wie Permaculture-Design oder das Gestalten mit Bambus. Menschen aus zwölf Nationalitäten wohnen dann auf der Farm zusammen, es geht um Wissen und Erfahrung, aber auch darum, inspiriert nach Hause zu fahren das Wissen weiterzugeben.

BLUE KARMA RESORT

Das Blue Karma liegt auf einem Hügel nahe Ubud zwischen Himmel und Erde: mitten im Paradies! Die liebevoll hergerichtete Eco-Lodge befindet sich zwar nicht in Strandnähe, aber dafür im Zentrum der Insel, umringt von grünen Reisfeldern, an denen man sich auch nach Wochen noch nicht sattsehen kann.
Das Resort verfügt über 15 traditionelle Java-Hütten, die nachhaltig in die Landschaft eingebettet wurden und von üppigem Grün und Obstbäumen umgeben sind. Hinter dem Interieur und Gestaltungskonzept steckt die französische Künstlerin Alexa Aguila Genoyer, die viel Wert darauf gelegt hat, das Blue Karma im typisch javanischen Baustil zu errichten – das bedeutet viel Teak-Holz und Lavastein. Der absolute Hingucker ist jedoch der wunderschöne Pool mit Wow-Blick auf die aus unzähligen Grüntönen bestehenden Reisfelder. In den rundherum stehenden Pavillons mit Reetdächern und Daybeds kann man herrlich entspannen und die Seele baumeln lassen. Mitunter die schönste Stimmung des Tages gibt es dann zum Sonnenuntergang, wenn der Feuerball hinter den Reisfeldern untergeht und ein Konzert von Grillen und Fröschen beginnt.
Ein Ort, an dem es familiär und wunderbar ruhig zugeht, ein Ort, der verzaubert!
Wen es nur nach Seminyak zieht, hat Glück, denn hier gibt es einen Ableger des Resorts, im pulsierenden Herzen der Stadt und nur wenige Gehminuten vom Strand entfernt.

2 Blue Karma Resort Adresse: Jalan Suweta Desa Bentuyung, Ubud, 80571 Gianyar Tel: 0062 (0) 361 9081383 Internet: www.bluekarmaresort.com Preise: DZ ab $160

☞ Puri Kayu Cottages

Die günstige Alternative zum Blue Karma Resort liegt nur eine Gasse weiter. Hier findet man noch ein Bali wie vor 30 Jahren! Einfache, aber geschmackvolle schlichte Hütten mit Himmelbetten, Holzböden, einer kleinen Veranda mit einem Tisch, der zum Schreiben einlädt. Zur sportlichen Betätigung kann man im Pool ein paar Züge schwimmen oder Fahrräder ausleihen und von hier aus wunderbar durch die Reisfelder radeln.
Wer nicht so viel Geld für die Übernachtung ausgeben möchte oder eine längere Auszeit in Bali plant, wohnt in einem der Cottages und kann bequem nebenan im Blue Karma Resort frühstücken und die Annehmlichkeiten eines Boutique Resorts genießen.

Adresse: Jalan Suweta, Bentuyung, Tegallalang, Ubud, 80571 Gianyar
Tel: 0062 (0) 361 9000586
Preise: DZ ab $30

COMO SHAMBHALA
ESTATE

COMO SHAMBALA ESTATE

Das Como Shambala Estate ist ein einmaliges Traumsetting. Mitten im Dschungel und direkt am Fluss Ayung gelegen, bietet die Luxus-Oase alles für den perfekten Wellness-Urlaub auf Bali. Mindestens drei Tage sollte man im Como Shambala wohnen, damit Körper und Geist zur Ruhe kommen.
Jeder Gast durchläuft zu Beginn seines Aufenthaltes einen Gesundheits-Check-up und erhält daraufhin ein maßgeschneidertes Wellness-Programm mit persönlichem Ernährungsplan und Anwendungen aus dem umfangreichen Spa-Angebot. Von Ayurveda über Reflexzonenmassage, Yoga- und Pilatesklassen bis zu Juice Cleanse und Orientalischer Medizin ist hier alles vertreten.
Man wohnt in großzügigen komfortablen Villen mit Pool, persönlichem Concierge und Dschungelblick und kann zum Essen zwischen dem Kudus House, in dem traditionell indonesische Küche serviert wird, wählen und dem vegetarischen Restaurant Glow, das für sein Juice Menu mit einer Auswahl an über 20 köstlichen, frisch gepressten Säften berühmt ist. In einer Juice Class können Sie vom Küchenchef persönlich lernen, welche lokalen Früchte und Kräuter wofür gut sind und mit ein paar neuen Rezepten und jeder Menge Inspiration nach Hause fahren. Ein besonderes Highlight des Como Shambala sind die einzigartig gelegenen natürlichen Quellwasser-Pools, an denen man stundenlang verweilen kann, und schon allein der verwunschene Weg dorthin durch grün bemooste Steintore ist magisch.

3 Como Shambala Estate Adresse: Banjar Begawan, Desa Melinggih Kelod, Payangan, Ubud, 80571 Gianyar Tel: 0062 (0) 361 978888
Internet: www.comohotels.com/comoshambhalaestate
Preise: ab $600 pro Nacht inkl. Vollpension und Wellnessprogramm

☞ Amandari Hotel

Das Amandari ist ein zeitlos schönes Resort, das an der pittoresken Schlucht des Ayungs nördlich von Ubud liegt. In luxuriösen Villen, eingerichtet im balinesischen Stil und mit Blick auf die Reisfelder, lässt es sich wunderbar entspannen, genauso wie an dem beeindruckenden Pool, der von schönster saftig grüner Dschungelnatur eingefasst ist. Vom offenen Restaurant und der Bar, die etwas erhöht liegen, bieten sich grandiose Sonnenuntergänge mit Ausblick auf das Flusstal. Beliebt sind auch die für jeden Gast individuell zusammengestellten Aktivitäten, wie beispielsweise der Besuch eines lokalen Marktes mit anschließendem Kochkurs in einem Privathaus im Dorf.

Adresse: Jalan Raya Kedewatan, Banjar Kedewatan, Ubud, 80571 Gianyar
Tel: 0062 (0) 361 975333, Internet: www.aman.com/resorts/amandari
Preise: Villa $500, über Sonderbuchungsseiten ab $129

☞ Ayung Terrace

Die Ayung Terrace ist eine der spektakulärsten Adressen für einen Sundowner mit Cocktail-Klassikern. Der Weg dorthin führt über eine Brücke über den Ayung Fluss, entlang Papaya- und Mango-Gärten sowie prachtvoller Reisfelder. Einmal angekommen, fühlt man sich wie im Paradies – duftende Ylang-Ylang-Blüten, glitzernde Sonnenstrahlen und in der Ferne erahnt man das sanfte Plätschern kleiner tropischer Wasserfälle. Doch kein Wunder, schließlich ist die Ayung Terrace ein Teil des Four Season Resorts. Die offene Bar schlängelt sich einmal um das gesamte Gebäude und ist ein überwältigendes Beispiel luftiger Architektur. Wer hier sitzt, mit Blick in den Dschungel und auf das Flusstal, wünscht sich wohl, die Sonne würde nie untergehen.

Adresse: Ayung Terrace, im Four Seasons Hotel, Sayan, Ubud, 80571 Gianyar
Tel: 0062 (0) 361 977577
Öffnungszeiten: täglich 6.30 – 15.00 Uhr und 18.00 – 22.00 Uhr

ALCHEMY

Das Alchemy ist der Place To Be für alle Rawfood-Liebhaber. Vor allem die fast vier Meter lange Salatbar ist ein wahrer Foodie-Traum und die Zutaten kommen sogar zum Teil von der eigenen Farm in Jatiluwhi. Wer aber in Entscheidungsschwierigkeiten kommen sollte, wählt einfach à la carte und darf sich auf die Buddha Bowl, die Aloha Pizza – der Pizzaboden besteht aus getrockneten Tomaten – das rohe vegane Blumenkohl-Sushi oder auf andere Köstlichkeiten freuen. Alles schmeckt einfach himmlisch gesund und genussvoll.
Dazu gibt es kaltgepresste Säfte, Tumeric Jamu, Coconut Kefir, Smoothies und nicht zu vergessen die köstlichen Desserts, für die man unbedingt Platz lassen sollte, wie z.B. den Bounty Bar und dazu einen Cappuccino mit Kokosmilch.
Auch mit eigenen Produkten wie beispielsweise einer Superfood und Herbal Linie ist Alchemy am Puls der Zeit und lässt Healthy-Food-Lovers mit Sacred Colon Cleanse oder Bienenpollen im siebten Himmel schweben.
Die lichtdurchfluteten Räume aus Strohdächern, Bambus, Grünpflanzen und weißen Möbeln verströmen eine angenehme Klarheit, passend zum Food-Konzept, gestaltet vom Berliner Architekten Alexis Dornier aus Strohdächern, Bambus, Grünpflanzen und mit dem Fokus auf Nachhaltigkeit, so wird das Dach von recycelten Telefonmasten getragen.

4 Alchemy Adresse: Jalan Raya Penestanan Kelod No. 75, Ubud, 80571 Gianyar Tel: 0062 (0) 361 971981 Internet: www.alchemybali.com Öffnungszeiten: täglich 7.00 – 21.00 Uhr

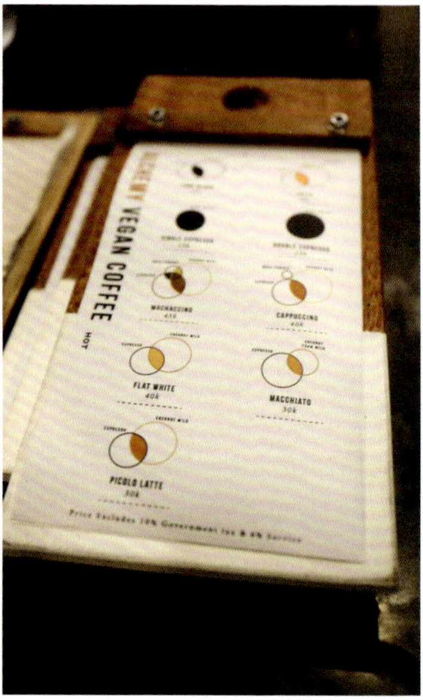
VEGAN COFFEE
HOT
CAPPUCCINO
40k
FLAT WHITE
40k
MACCHIATO
30k
PICOLO LATTE
30k

ALCHEMY
HOLISTIC
info@alchemyclinicbali.com
(0361) 971 902
OPEN UPSTAIRS

20

18

ROAM
CO-LIVING
make this
life a
wonderful
adventure

ROAM

Das Roam liegt direkt nebenan vom Alchemy und ist das Hauptquartier der Lebensform der Zukunft, genauer gesagt, der digitalen Nomaden. Es ist der perfekte Ort für Wohnen und Arbeiten im 21. Jahrhundert – dazu gehören ein moderner Co-Working-Space, Yoga-Studio, Café-Restaurant, Pool sowie ein möbliertes Zimmer: alles unter einem Dach und dazu im Balistyle, bei dem drinnen und draußen symbiotisch ineinander übergehen. Der schönste Platz zum Träumen und Kreieren ist die Hängematte am Pool mit Blick in den Himmel. Hinter der Architektur dieses Projekts steckt der Berliner Designer Alexis Dornier, der auch auf Bali lebt. Er hat 24 Zimmer auf zwei Stockwerken mit viel Stein und Holz geschaffen. Dazu gibt es eine Dependance in Miami, die nächsten folgen in Madrid, Buenos Aires und London.

In den Genuss dieses Lebensstils nach dem Motto „Make this life a wonderful adventure" kann man über eine monatliche Mitgliedschaft von 1800 Dollar kommen – als Hotelgast wird man automatisch Mitglied auf Zeit und kann alle Locations nutzen. Das Roam ist eine grandiose Erweiterung des Co-Working-Trends: Co-Living at its best.

5 Roam Adresse: Jalan Raya Penestanan Kelod, Ubud, 80571 Gianyar
Tel: 0062 (0) 361 4792884 Internet: www.roam.com
Preise: DZ ab $100 pro Nacht, $500 pro Woche

Hi
Rully
Hi
Fenny
Hi
alysia
JOANA
#ROAMILY

LA PACHA MAMA

Ein mexikanisches Juwel, versteckt in Ubud! Das klingt zunächst etwas verwirrend, doch genauso ist es – im La Pacha Mama stimmt einfach alles. Die sensationellen vegetarisch-mexikanischen Speisen zählen zu den größten kulinarischen Überraschungen der Insel. Die Leidenschaft des Kochs Alejandro für sein Werk ist kaum zu übersehen, geschweige denn zu „überschmecken". So fällt es wirklich schwer, sich auf nur ein oder zwei Gerichte zu beschränken: Rote-Beete-Ceviche in einer Komposition mit Apfel und Mandarine, Tacos Patrons, hausgemachte Guacamole, Quesadillas mit Jackfruit und Gemüse und zur Krönung wird karamellisierte Banane, flambiert mit Tequila und Kahlua, serviert. Köstlich und so authentisch! Doch auch die Atmosphäre ist einzigartig im La Pacha Mama. Angefangen mit dem herzlichen Service, insbesondere des balinesischen Kellners Yogi, dazu lateinamerikanische Klänge der Live-Band und ein Interieur, das nicht nur eine Hommage an den Acapulco Chair ist, sondern auch noch aus den Federn von Alexis Dornier stammt. Genauer gesagt, hat Dornier dem Restaurant ein Sonnendeck der besonderen Art verliehen, bestehend aus meterhohen Stahlrohren, recycelten Autoreifen und herabwachsenden Pflanzen, die den Ort in einen minimalistischen Dschungel verwandeln. Ein besonders schönes Flair zum Sitzen bietet vor allem der zweite Stock. Ach, und nicht zu vergessen, die Margaritas sind natürlich auch köstlich!

6 La Pacha Mama Adresse: Jalan Raya Penestanan Kelod 1, Ubud, 80571 Gianyar Tel: 0062 (0) 361 9080225 Internet: www.la-pacha-mama.com Öffnungszeiten: täglich 16.00 – 23.00 Uhr

lazy cats.

LAZY CATS CAFE

Berlin, Bondi Beach oder Bali? Zugegeben, das Lazy Cats könnte an allen drei Spots sein. Doch irgendwie ist die gewisse Prise Bali Spirit auch nicht zu übersehen. So oder so, das Café wurde 2016 von dem Berliner Architekten und Designer Alexis Dornier gestaltet. Das Ziel dahinter war, einen neuen Lieblingsort in lässiger Wohnzimmer-Lounge-Atmosphäre zu kreieren. Das ist absolut gelungen! Das Design besteht aus rohen Putzwänden, alles wirkt angenehm improvisiert und die zusammengewürfelten Vintage-Möbel verleihen dem Ganzen noch einen wunderbaren Touch von shabby chic.
Auf den Sofas und Barhockern sitzt eine internationale Community, arbeitet an Laptops, beobachtet das Treiben auf der quirligen Hauptstraße und lässt sich dabei mit Healthy Food wie Green Smoothie Bowls, Avocado Toast oder Chocolate Smoothies verwöhnen. Es ist ein Ort, an dem die Inspirationen nur so fließen und wenn eben mal nicht, dann kommt man mit dem ein oder anderen ins Gespräch und tauscht sich über den Bali Spirit, neue Geschäftsmodelle oder Geheimtipps auf der Insel aus. Zudem finden hier wechselnde Ausstellungen von internationalen und balinesischen Künstlern statt. In Zukunft soll das Lazy Cats auch eine Location für die Zeit nach dem Sonnenuntergang werden – dann mit gedimmtem Licht und gutem Wein. Let's be lazy!

7 Lazy Cats Cafe Adresse: Jalan Raya Ubud No. 11, Ubud, 80571 Gianyar
Tel: 0062 (0) 813 38822589 Internet: www.facebook.com/lazycatscafe
Öffnungszeiten: täglich 8.00 – 19.00 Uhr

Interview mit Alexis Dornier

Architekt und Mitinhaber vom Lazy Cats

Was hat Dich dazu gebracht, auf Bali zu leben?

Das war eher ein Zufall. Ein Freund brauchte Hilfe bei einem Bauprojekt. Aus ein paar Wochen wurden fast vier Jahre und eine Menge Projekte – vom Barbershop über Restaurants und Hotels bis zu ganzen Siedlungen

Pacha Mama, Alchemy, Roam und das neu eröffnete Lazy Cats tragen Deine gestalterische Handschrift. Was macht Deine Architektur- und Designkonzepte aus?

Architektur ist Sprache und Kommunikation für mich. Jedes Projekt entwickelt seine eigene Sprache aus den Anforderungen und die Umsetzung ist entsprechend maßgeschneidert. Damit bleibt der kreative Prozess spannend und wir sind jedes Mal aufs Neue gefordert. Bei allen Konzepten galt der Anspruch, die Architektur besonders sparsam und effizient zu entwickeln.

Mit Roam warst Du Vorreiter für einen neuen Trend von Co-Living & Sharing. Was war Deine Motivation?

In erster Linie interessierte mich das Thema Nachhaltigkeit. Eine gemeinsame Küche oder ein gemeinsamer Aufenthaltsbereich und die Möglichkeit, miteinander in Verbindung zu kommen. Was nützt mir ein großes Wohnzimmer, in dem ich alleine sitze.

Was schätzt Du am Leben auf Bali?

Hier prallen Kulturen aufeinander. Lebensphilosophien könnten sich klarer nicht unterscheiden. Wir Westler sind ständig damit beschäftigt, Erwartungen zu haben und Dinge zu erreichen, die Einheimischen machen sich nicht so viele Sorgen. Verantwortungsbewusstsein und Eigeninitiative sind nicht besonders stark ausgeprägt. Sie leben mehr im Jetzt und legen Wert auf Glückseligkeit, Familie, Tradition und Rituale. Bali ist im besten Fall genau der Kompromiss aus beiden Welten.

SENIMAN COFFEE

Auch die Third Wave Coffee-Bewegung hat vor Bali nicht Halt gemacht. Seniman Coffee ist der Inbegriff davon. Die coolen Baristas an der Brew Bar brühen die hauseigenen gerösteten Bohnen in den verschiedensten Varianten, ob als Taiwanesische Syphon, im Japanese style pour over oder als cremigen Flat White. Jeder Kaffee wird auf einem stylischen Holzbrett serviert mit Cookie und einem Glas Wasser. Dazu sitzt man auf eigens designten weißen und knallroten Plastikstühlen mit Holzschaukelbeinen an Community-Tischen oder auf der Terrasse mit Blick auf die Rösterei, die gegenüberliegt.
In regelmäßigen Röstkursen, Cuppings und Workshops kann man alles rund um das Thema Kaffee lernen, die perfekte Art einen Latte zu kreieren oder wie man Home-Barista wird.
Bei Seniman kann man aber auch wunderbar frühstücken, ob das berühmte Sushi-roll-style Gado-Gado, Croissants, frisch gepresste Säfte und Wheatgrass-Shots, alles ist köstlich und auf den Punkt wie der Kaffee! Kommt man am Abend auf ein eisgekühltes Bier oder einen Wein, sollten unbedingt Highlights des Dinner-Menus, wie die Mokka Nut Waffle oder Fish & Chips, probiert werden.

8 Seniman Coffee Adresse: Jalan Sriwedari No. 5, Banjar Taman Kelod, Ubud, 80571 Gianyar Tel: 0062 (0) 8123 6076640
Internet: www.senimancoffee.com Öffnungszeiten: täglich 8.00 – 22.00 Uhr

THCR
ERYTHING HAPPENS TO EVERYONE
SENIMAN
SHOP

SHOP [verb.] SHOP [verb.]
OLD BREW COFFE
MILI SABUN is a range of beautiful soap crafted from materials that were once discarded, now saved. Ground coffee, steamed milk, orange rind,sunflower and coconut cooking oil combine to create a uniquely 'Seniman up-cycled' cleansing experience.

COLD
COCONUT
coconut
ice cream
made by
tukies

TUKIES COCONUT SHOP

Wir lieben solche Food-Konzepte, die sich nur um ein Produkt drehen wie bei Tukies die Kokosnuss. Schon von Weiten kann man den kleinen Cafe-Shop in der Jalan Raya Ubud erkennen, an den großen grünen Nüssen, die sich vor dem Laden und im Schaufenster türmen. Jeden Morgen kommen frische Kokosnüsse von den umliegenden Farmen an und werden von den freundlichen balinesischen Frauen gekonnt auf Alter abgeklopft, bevor sie vor Ort mit Hand verarbeitet werden: zu schneeweißem, cremigem Eis, gerösteten Kokos-Chips, Butter, Palmhonig und anderen süßen Snacks aus der Kokosnuss.
Ist man auf dem Sprung, nimmt man sich das legendäre Kokosnusseis (wir haben selten ein Besseres gegessen) oder eine frische Kokosnuss auf die Hand. Wer etwas Zeit mitbringt, kann auch an einem der Holztische im Laden Platz nehmen und beim Eis schlemmen, das Treiben bei Tukies beobachten und sich auch durch die anderen Snacks kosten.
Es gibt nur eine Gefahr, hat man das cremige Kokoseis mit den gerösteten Kokos-Chips einmal probiert, möchte man am liebsten jeden Tag auf eine süße Sünde bei Tukies vorbeikommen.

9 Tukies Coconut Shop
Adresse: Jalan Raya Ubud No. 14, Ubud, 80571 Gianyar
Öffnungszeiten: täglich 9.00 – 23.00 Uhr

coconut
ice-cream
25 000/scoop

yogabarn
Ubud, Bali

YOGA BARN

Das Yoga Barn ist kein normales Yoga-Studio, sondern vielmehr eine Art spirituelles Village und ein Treffpunkt der globalen Community, an dem man mit Gleichgesinnten leicht ins Gespräch kommt. Zentral gelegen im Herzen von Ubud, dabei ganz idyllisch eingebettet in sattgrüne Reisfelder und umgeben von Palmen, findet hier jeder spirituell Begeisterte etwas: vom restorativen Yoga über Tibetanische-Klangschalen-Meditation, Aura Clearing, Community-Astrologie bis zum Ekstatischen Tanz, der so beliebt ist, dass die Klassen oft schon im Voraus ausgebucht sind.

Im vegetarischen Garten-‚Kafe' kann man sich mit köstlichen ayurvedischen Gerichten, Macrobiotic Bowls und grünen Säften stärken oder sich im Kush Outpost, dem Spa des Yoga Barn, mit einer ayurvedischen Abyanga-Öl-Massage ($25 für 60 Minuten) verwöhnen lassen. Und wer, absorbiert von der guten Energie dieses magischen Ortes, am liebsten gar nicht mehr weg möchte, hat sogar die Möglichkeit, in einem der charmanten Gasthäusern (ab $85) zu übernachten.

2007 von dem Amerikaner Charley Patton gegründet mit der Mission, Menschen nach Bali zu holen, die Interesse am ganzheitlichen Leben und an balinesischer Kultur haben, ist das Yoga Barn heute eine der größten und erfolgreichsten Yoga-Community-Orte in Ubud.

10 Yoga Barn Adresse: Jalan Raya Pengoseken, Ubud, 80571 Gianyar
Tel: 0062 (0) 361 971236 Internet: www.theyogabarn.com
Öffnungszeiten: täglich 6.00 – 21.00 Uhr

Juice
Bar
Open
juice
bar

GRATITUDE
INTEGRITY

Wild Rucola Salad Bowl

NOV 2016
YOGA
PLEASE
Silent
NO camera
NO video
family friendly
Dance

Breakfast Pizza
Open Face Bruschetta
Chorizo Frittata
Tenderloin Baguette
Sausage Sandwich
Provencal Vegetable
Cinnamon French Toast
Fruit Bowl Salad
Ricotta Pancakes

ATMAN KAFE

Dass Ubud eine Oase für vegane und vegetarische Foodies darstellt, ist kein Geheimnis. Da kann es schon einmal passieren, dass man nicht ganz genau weiß, auf welches der kulinarischen Highlights man sich einlassen soll. Das Atman Kafe zählt auf jeden Fall zu unseren Lieblingen – und das nicht nur wegen des Golden Latte, der nach ayurvedischem Rezept mit Cashewdrink, Kurkuma, Zimt und braunem Zucker zubereitet wird.

Es ist wohl der perfekte Ort, um mit balinesischem Yoga-Vibe in den Tag zu starten. Dank der zentralen Lage, direkt an der quirligen Hanoman Street, kann man herrlich das Geschehen und Treiben der Einheimischen beobachten, während man auf seine Kokos-Pancakes, eine Portion Energy Balls, das roh-vegane Porridge mit Walnüssen und Kokosmilch, die Samosa-Teigtaschen oder auf einen der Smoothies wartet. Der Service ist hier typisch indonesisch, da kann es schon mal passieren, dass die Bestellungen nicht alle zum gleichen Zeitpunkt kommen, doch der positive Spirit, der hier in der Luft liegt sowie die wahnsinnig umfangreiche Speisekarte mit einem Veggie-Highlight nach dem anderen, lassen schnell verzeihen. Und keine Sorge, auch Nicht-Vegetarier/Veganer werden im Atman Kafe im siebten Foodie-Himmel schweben und sollten unbedingt das indonesische Curry kosten!

11 Atman Kafe Adresse: Jalan Hanoman No. 38, Kabupaten, Ubud, 80571 Gianyar Tel: 0062 (0) 851 00620505 Internet: www.facebook.com/atman-kafe Öffnungszeiten: täglich 7.00 – 22.30 Uhr

FLYHIGHYOGA
JAPON
SUNDAY
MARKET
BREATH
DK 7103 KR

Special Today
60K

UBUD RAW
CHOCOLATE FACTORY

UBUD RAW CHOCOLATE

Hinter der balinesischen Schokoladenmarke, dem sympathischen türkisblauen Logo und der goldenen Lebensblume steht der Engländer Rolf Gibbs. Vor zweieinhalb Jahren hat der Feinschmecker seine Liebe zu dem stimmungsaufhellenden Superfood entdeckt. Aus einer persönlichen Leidenschaft heraus experimentierte er nächtelang in seiner Küche mit rohen Kakaobohnen, Kokosmilch und -zucker, auf der Suche nach der einzigartigen cremigen Rezeptur – das war die Geburtsstunde von Ubud Raw.
Gibbs ist ein World Traveller, der, bevor er 2014 auf Bali seine Homebase gefunden hat, zehn Jahre lang als Fotograf und Filmemacher um die Welt gereist ist, mit Stationen in Berlin, New York und Los Angeles.
Die quadratischen Schokoladenstücke, die in der kleinen Ladenproduktion aus roher Schokolade, frischer Kokosmilch und Kokosblütenzucker täglich per Hand gerührt werden, gibt es momentan in den drei Geschmacksrichtungen Pur, Gojibeere-Minze und Cashewnuss-Rosine. Verkauft werden sie im Laden und in vielen healthy Cafés und Stores auf der Insel. Sein Erfolgsrezept ist es, organisch zu wachsen, von $10 hat sich Gibbs den ersten Kakao gekauft, diesen zu Pralinen verarbeitet und von den Verkaufserlösen die nächsten Bohnen gekauft.

12 Ubud RAW Chocolate Adresse: Jalan Raya Sayan No. 74, Ubud, 80571 Gianyar Tel: 0062 (0) 361 975794 Internet: www.facebook.com/UbudRaw Öffnungszeiten: Montag – Samstag 10.00 – 17.00 Uhr, Sonntag geschlossen

P

SARI ORGANIK

Der schmale Weg zu Sari Organik führt von Ubuds Zentrum aus zehn Fußminuten entlang saftig grüner Reisfelder und vorbei an balinesischen Wohnhäusern, kleinen Yoga Studios, lokalen Läden und Warungs und ist ein unvergesslicher Tagesausflug. Wie der Name schon verrät, werden hier ausschließlich organische Zutaten serviert, ganz à la Farm-To-Table. Dazu gibt es Hippie-Reggae-Flair, Hahnengeschrei und einen idyllischen Ausblick auf die zahlreichen Reisfelder.
Vor allem die frischen Salate und Juices sind köstlich, aber auch die rohe Thai-Suppe mit Kurkuma, Cashew, Gurke und Koriander ist ein Liebling der Stammgäste. Besonders schön ist es hier zur Sonnenuntergangszeit in einem der Bambus-Pavillons. Das Farm-Restaurant, das entsprechend nachhaltiger Prinzipien der Permakultur geführt wird, ist eine Institution in der "Green Bali"-Bewegung und wer etwas Zeit mitbringt, kann das Gemüse im angrenzenden Garten sogar selber ernten. Wer keine Lust zu laufen hat, kann sich von einem Moped abholen lassen!

13 Sari Organik Adresse: Jalan Subak Sok Wayah, Tjampuhan, Ubud, 80571 Gianyar Tel: 0062 (0) 361 972087 Öffnungszeiten: täglich 8.00 – 20.00 Uhr

☞ Weitere Filiale

Im Sari Organik in Penestanan, dem Ableger, der zwischen Pacha Mama und Alchemy liegt, kann man auch in zentralerer Lage in den Genuss der köstlichen Farm-to-Table-Gerichte kommen. Das Ambiente ist hier rustikal, die Atmosphäre gemütlich, man sitzt auf Holzbänken und zwischen Kräuterbeeten. Zum Restaurant gehört auch ein Bioladen, in dem man die am Morgen frisch von der Farm geernteten Gemüse kaufen kann.

Adresse:
Sari Organik Penestanan, Campuhan Road, Penestanan, Ubud, 80571 Gianyar
Tel: 0062 (0) 361 7801839

Smoothie Bowl
Weekend Waffle -Sat & Sun-
Wrap'n Roll
&
Sandwich
of The day
*BLT Sandwich
Coconut "bacon". lettuce
buns (option: toasted
bread). tomato. Pickled
cucumber. sprouts. ma-
yo. mustard, ketchup.
SAYU
RAW

SAYURI HEALING FOODS

Sayuri ist der Inbegriff von Conscious Living, Rawfood und Yoga. Nachdem sie fünf Jahre in Japan als vegane Gastronomin arbeitete und anschließend in Indien ein Yoga Retreat leitete, zog es sie auf die grüne Insel, um dort als Yoga-Lehrerin tätig zu sein und 2014 das Raw Food Café The Seeds of Life in Ubud zu eröffnen. Doch das war ihr noch nicht genug. Zwei Jahre später hat sie nun mit Sayuri Healing Foods ihr ganzes Können – sowohl im Hinblick auf Raw Food, als auch auf Yoga – in einem besonderen Ort vereint. Sie ist wohl eine der wichtigsten und leidenschaftlichsten Personen, wenn es um den healthy Lifestyle geht.

In ihrem Menü liegt der Fokus auf japanischen Gerichten, köstlichen Suppen, Bowls mit Reis und Gemüse und die Rohkostbrownies sollten auch unbedingt probiert werden. Dass die Gerichte vegan, glutenfrei, organic und raw sind, versteht sich natürlich von selbst. Doch bei Sayuri geht es um viel mehr als nur um gesunde Ernährung, sie hat es geschafft, ihr Konzept auf ein spirituelles, ganzheitliches Level zu bringen. So werden Yoga-Klassen angeboten, aber auch Workshops wie das Raw-Chef-Training oder ganze Yoga Retreats.

Die Philosophie dahinter, die auch im Logo von Sayuri zu finden ist, orientiert sich an dem Begriff „KUU", abgeleitet aus dem Zen Buddhismus, und steht für einen Ort „where each one of us become the shine on each uniqueness of its existence". Wow!

14 Sayuri Healing Foods Adresse: Jalan Sukma No. 2, Ubud, 80571 Gianyar
Tel: 0062 (0) 361 9080385 Internet: www.sayurihealingfood.com
Öffnungszeiten: täglich 9.00 – 22.00 Uhr

SAYURI
Healing Food

GRANOLA
spirulina
GRANOLA
chocolate
GRANOLA
pink dragon

GREEN SPIRIT VILLA

Wer hier eincheckt, wird den Spirit von Bali durch die Luft schweben sehen und man könnte auch sagen, der Realität für die Zeit des Aufenthalts eine kurze Pause gönnen. Die fünf individuellen Bungalows überzeugen nicht nur durch ihre liebevolle, individuelle Einrichtung, das Besondere an der Villa ist vor allem ihre Lage. Etwas abseits vom Trubel Ubuds, aber doch nur 15 Minuten von dem Yoga-Hot-Spot entfernt, fühlt man sich in der Green Spirit Villa, als wäre man im Paradies angekommen.

Das morgendliche Aufstehen beginnt mit einem Rundumblick in den saftig grünen Dschungel und am besten springt man noch vor dem hausgemachten Frühstück in den tiefblauen gekachelten Pool. Die einzige Tages-Mission kann hier eigentlich nur lauten: Die unzähligen verschiedenen Grüntöne des Dschungels analysieren, dem Gesang der Vögel lauschen und sich vielleicht noch eine Massage buchen. Wer schon genug Tiefenentspannung getankt hat, schnappt sich einfach eines der Fahrräder und erkundet die umliegenden Tempel und Reisterrassen. Ein Ort voller Ruhe und mit fantastischem Preis-Leistungs-Verhältnis.

15 Green Spirit Villa Adresse: Jalan Raya Sayan, Ubud, 80571 Gianyar
Tel: 0062 (0) 361 8989427 Preise: Villa ab $60

JUNGLE FISH

Spirituelle Überflutung? Green-Juice-Überdosis? Sehnsucht nach einer Pause von Namaste und „Hippie Vibe"? Das Jungle Fish scheint dafür die perfekte Adresse zu sein und bringt mit seinem modernen Ambiente etwas frischen Wind in den Bali-Urlaubsalltag. Um zum Jungle Fish zu gelangen, leiht man sich am besten ein Fahrrad in Ubud und genießt die etwa zehnminütige Fahrt entlang der idyllischen Reisfelder. Einmal angekommen heißt es, willkommen im Dschungel von Ubud!

Für das kulinarische Wohl ist von Frühstück über Lunch bis Dinner auch gesorgt. Das zugehörige Restaurant serviert eine mediterran-griechisch angehauchte Küche. Für die Gäste, die es kaum mehr erwarten können in den Pool zu springen, auch direkt an den Liegestuhl. Danach folgt dann am besten die Cocktailkarte, um einen wunderbaren Tag außerhalb des klassischen Ubud-Yoga-Vibes ausklingen zu lassen. Namaste!

16 Jungle Fish Adresse: Jalan Raya Sebali, Ubud, 80561 Keliki
Tel: 0062 (0) 361 8989104 Internet: www.junglefishbali.com
Öffnungszeiten: täglich 7.30 – 22.00 Uhr

☞ Pool

Man könnte das Jungle Fish auch als einen typischen Pool-Club bezeichnen, für all diejenigen, die entweder bei ihrer Unterkunft keinen Pool haben oder einfach mal in den Genuss eines Infinity-Pools mitten in Ubuds Dschungel kommen möchten. Das bedeutet, Bikini und Badehose einpacken! Wer übrigens nicht auf das kulinarische Angebot zurückgreifen und nur ein paar Bahnen mit Blick in den Dschungel genießen möchte, kann gegen eine Gebühr von etwa 8 Euro den Pool-Bereich nutzen.

PURA TIRTA EMPUL

Die „sprudelnde Quelle“, liegt eine halbe Stunde von Ubud entfernt und ist eine der wichtigsten Tempelanlagen Balis sowie Pilgerort für Spirituelle. Das Wasser soll Körper und Geist vor bösen Göttern und Dämonen schützen und eine starke heilende Kraft besitzen. Die traditionelle Reinigungszeremonie, ein Ritual, das für die Balinesen eine große spirituelle Kraft besitzt, ist ein authentisches und unvergessliches Erlebnis. Man braucht Sarong, Opfergaben und Wechselkleidung. Und am besten buchen Sie sich einen lokalen Guide über das Hotel, der den Ablauf des Rituals kennt und mit Ihnen die Zeremonie durchführt. Um die Fontänen türmen sich unzählige Opfergaben in kleinen Körbchen mit frischen Blumen, Reis, Süßem, Obst und Geldscheinen, dazu werden Räucherstäbchen abgebrannt. Um sich unter jeder der 12 Fontänen zu reinigen und von Krankheiten oder negativen Gedanken zu befreien, stellt man vorher geduldig im Wasserbecken in der Schlange an. Am frühen Morgen oder am späten Nachmittag ist die beste Zeit, den heiligen Ort etwas ruhiger zu erleben. Viele balinesische Familien kommen am Sonntag oder zum Vollmond.

Tipp: Wer eine leere Plastikfasche mitnimmt, kann sich auch etwas vom heiligen Quellwasser abfüllen.

17 Pura Tirta Empul
Adresse: Jl. Tirta, Manukaya, Tampaksiring, 80552 Gianyar
Öffnungszeiten: täglich 7.00 – 17.00 Uhr

Sarinbuana Eco Lodge

SARINBUANA ECO LODGE

Die Neuseeländerin Linda vant Hoff hat mit der Sarinbuana Eco Lodge ein wahres Paradies der Erholung kreiert. Fünf Holzhütten liegen inmitten von traumhafter Dschungelnatur aus meterhohen Palmen, und mit dem Abendkonzert der Grillen und Vogelstimmen kann man so tief wie ein Baby schlafen. Kaum zu glauben, dass hier kein einziger Baum stand, als sie vor fast 20 Jahren mit ihrem Mann das Land übernahm.

Eineinhalb Stunden von Ubud entfernt, versteckt in den Bergen am Fuße des Mount Batukaru gelegen, kann man sich an diesem perfekten Ort der Erfahrung eine wunderbare Auszeit gönnen, die Seele baumeln lassen und all die kreativen Dinge tun, von denen man zu Hause schon immer mal geträumt hat. Ob man in Workshops lernt, Opfergaben für die Tempel zu stecken, traditionelle balinesische Gerichte zu kochen oder bei einer Gartentour alles über besondere heimische Pflanzen und deren medizinische Wirkungen erfährt. Wer sich sportlich betätigen möchte, kann den mit 2200 Metern zweithöchsten Berg der Insel besteigen.

Die Küche des Restaurants ist traditionell balinesisch und alle Zutaten kommen frisch von der Farm. Besonders zu empfehlen ist Nasi Campur, ein köstliches Reisgericht mit verschiedenen Gemüsen und Dips, und das Schokoladenmousse, dessen Perfektion Linda über zwei Jahre ausgetüftelt hat. Dieser Ort ist ein versteckter Schatz voller Ruhe, Herzblut und Persönlichkeit.

18 Sarinbuana Eco Lodge Adresse: Jalan Arjuna, Br. Biyahan, Desa Wanagiri, 82152 Tabanan Tel: 0062 (0) 828 97006079 Internet: www.baliecolodge.com Preise: DZ ab $120

☞ Tempelbesuch Pura Luhur Batukaru

Dieser hinduistische Tempel liegt etwas abseits der klassischen Urlaubsroute Balis und ist deswegen glücklicherweise nicht so überlaufen. Dennoch ist er nicht weniger wichtig. Erbaut wurde der Pura Luhur Batukaru von keinem Unbekannten – im 11. Jahrhundert ließ der Priester Empu Kuturan, der auch das Kastensystem auf Bali einführte, den Tempel erbauen, um den Herrscher des einstigen Königreiches Tabanan zu ehren. Die Worte magisch, mystisch und verwunschen beschreiben die verwilderte Anlage auf 817 Meter Höhe wohl am besten. Für die Anfahrt nimmt man die schmale, etwa drei Kilometer lange Bergstraße von dem Dorf Wongayagede, die an wunderschönen Reisfeldern vorbeiführt.

Adresse: Jalan Raya Batukaru, Wongaya Gede, Penebel, 82152 Tabanan
zu Fuß von der Sarinbuana Lodge ca. 1 Stunde

DER HIPPE SÜDEN
SEMINYAK & CANGGU

Der Süden Balis ist nicht nur bekannt für seine magischen Sonnenuntergänge, er ist mit Abstand der vielfältigste, lebendigste und internationalste Teil der Insel, der Locals und Besucher gleichermaßen anzieht.

So ist Seminyak die Destination für den Beach Lifestyle auf Bali mit Beach Clubs der Superlative, Shopping, Partys, unzähligen Restaurants und einem internationalen Vibe, der hier im pulsierenden Herzen der Stadt nicht zu übersehen ist. Dementsprechend sind die Straßen und Strände überlaufener als in anderen Teilen der Insel.

Wer es ruhiger mag, findet in den Dörfern um Canggu herum mehr Ruhe und lokale Schätze. Denn zugegeben, hier laufen die Uhren einen Tick langsamer als wir es aus unserem Alltag gewohnt sind. Canggu selbst, einst ein unbekanntes kleines Fischerdörfchen an Balis Westküste, ist mittlerweile ein Mekka für Yogis, Surfer und Hipster. Der trendige und lebendige Süden ist geprägt von Expats und der Surfer-Community, da kann es schon einmal passieren, dass man sich bei dem Gedanken ertappt, wie es wäre, länger auf der Insel zu bleiben. Kein Wunder, die hippen Coffee Hangouts, das Hineinleben in den Tag mit ausgedehntem Lunch am Strand und romantischen Drinks an der Beachbar ist Verlockung pur. Ganz zu Schweigen von den Stränden im Süden, die so unterschiedlich wie Tag und Nacht sein können, von ruhigen Sandstränden zum Relaxen bis zu wilder Küste zum Surfen und Wellenreiten. Am besten man bucht sich eine ruhige Privatvilla mit eigenem Pool in Strandnähe, genießt nach Lust und Laune das lebendige Treiben und radelt mit dem Fahrrad durch die saftig grünen Reisfelder!

DESA SENI

Das Desa Seni ist ein Eco Village Resort, eine Art „Four Seasons für Hippies“, das man, einmal angekommen, am liebsten gar nicht mehr verlassen möchte. Liebevoll designte Holzhäuser mit ausgesuchten Objekten, Details und balinesischer Kunst reihen sich charmant um den Pool, das Restaurant serviert balinesische Gerichte in Bioqualität und das meiste davon kommt direkt aus dem hauseigenen Garten. Hier kann man wunderbar am Pool entspannen und bei einer Kundalini-Yoga-Klasse oder einem Aura Chakra Healing in den Bali-Spirit eintauchen sowie sich bei einer Massage im Desa-Seni-Spa verwöhnen lassen. Will man Canggu und die umliegenden Dörfer erkunden oder einfach nur durch die saftig grünen Reisfelder radeln, stehen Fahrräder am Empfang bereit.
Der Besitzer Tom Talucci kam vor 20 Jahren nach Bali und war mit seinem ganzheitlichen Resort-Konzept ein Pionier auf der Insel, als er das Desa Seni 2006 eröffnete. Dabei spielte die balinesische Kultur immer eine besondere Rolle für ihn. Zeremonien werden hier ganz authentisch gelebt, so steht jeden Morgen eine Prayer Box mit Opfergaben für die Erd- und Himmelsgötter auf der Terrasse für die Gäste bereit und betritt man das Resort, wird man erst mal mit einem Gongschlag willkommen geheißen. Man sagt, dass dadurch böse Geister und negative Energien dem Resort fernbleiben sollen.

19 Desa Seni Adresse: Jalan Subak Sari No. 13, Pantai Berawa, Canggu, 80361 Badung Tel: 0062 (0) 361 8446392
Internet: www.desaseni.com Preise: DZ ab $160 inkl. Frühstück

BATHRO

☞ Bungalow Living

Bungalow Living ist ein sympathisches kleines Café, nur fünf Gehminuten vom Desa Seni entfernt und eine gute Alternative zum Frühstück oder auf einen Snack, wenn man mal Lust auf Abwechslung verspürt. Auf der Karte stehen hausgebackene Scones, Chia-Pudding, frisch gepresste Säfte, Flat White oder lokaler Kombucha.
Im angrenzenden Shop kann man ausgesuchte Accessoires wie Strandtücher und Strohhüte, kleine Designobjekte oder Kissen aus der eigenen Kollektion kaufen.

Adresse: Jalan Pantai Berawa No. 35A, 80361 Canggu, Badung
Tel: 0062 (0) 361 8446567
Internet: www.bungalowlivingbali.com
Öffnungszeiten: Montag – Samstag 8.00 – 17.30 Uhr, Sonntag geschlossen

THE SHADY SHACK

Betritt man Shady Shack, geht einem das Herz auf und man spürt sofort, dass dies ein besonderer Ort ist. Es handelt sich um den zweiten erfolgreichen Coup der Australierin Gypsy, die 2010 das beliebte Café Betelnut in Canggu eröffnete. Damals war sie die Erste in einer Gegend, in der nichts als braches Land und Reisfelder vorherrschten und Freunde haben sie sogar für verrückt erklärt. Sie hat Gäste in Scharen angezogen und wurde mit dem Shady Shack, das 2016 folgte, zur ersten Adresse für Health-Food-Liebhaber.
Die geschmackvolle Oase aus weißen Holzhütten mit Stroh überdacht, liegt etwas abseits vom trubeligen Pantai Batu Bolong mitten im Reisfeld. Hier trifft sich die Surfer- und Expats-Community auf gesunde vegane und vegetarische Gerichte und in gemütlichen Nischen mit bunten Kissen werden bei Matcha Latte oder Coconut Cappucino neue Business-Ideen geboren.
Das Menu aus Smoothie- und Salad-Bowl-Kreationen, die wie kleine farbenfrohe Kunstwerke angerichtet sind, hat Gypsys Partner Justin kreiert. Ob der Dragonfruit Chia Pod, die Lost in Paradise Smoothie Bowl, der Jackstack Burger, der Raw Chocolate Cheese Cake oder Kale Storm Smoothie, alles schmeckt einfach himmlisch. Hier möchte man am liebsten jeden Tag auf Bali starten und beenden.

20 The Shady Shack Adresse: Jalan Tanah Barak 53, Canggu, 80361 Badung
Tel: 0062 (0) 819 16395087 Internet: www.facebook.com/Theshadyshackbali
Öffnungszeiten: täglich 7.30 – 22.00 Uhr

TAKE AWAY
SMOOTHIE BOWLS
DESSERTS
TAKE AWAY
BOWLS
WRAPS
Water Pitcher
SARONG

Interview mit Gypsy

Besitzerin vom Shady Shack

Was hat Dich dazu gebracht, auf Bali zu leben?

Ich mag das Multikulturelle und den Lebensstil hier. Ich bin ein Expat, ich habe mein ganzes Leben im Ausland verbracht. Ich bin in Brunei auf der Insel Borneo geboren und fühle mich hier in Bali mehr zuhause, als sonst irgendwo in der Welt.

Dann lebst Du das gute Leben, von dem viele träumen.

Leute von außerhalb denken, ich lebe einen Traum. Und das mache ich auch. Ich liebe das Klima und die Menschen hier, aber ich muss dafür auch hart arbeiten. Ich arbeite hier sogar mehr, als ich in irgendeinem anderen Land vorher gearbeitet habe. Das liegt sicher auch an der Gastronomie, wo du von Montag bis Sonntag Frühstück, Lunch und Dinner servierst. Es ist eine Illusion, dass man nach Bali kommt, jeden Tag Yoga macht und Retreats besucht. Um hier ein Business am Laufen zu halten, musst du jeden Tag vor Ort sein. In deinem eigenen Land kannst du ein Management-Team engagieren und einen Schritt zurücktreten, während du hier immer vor Ort sein musst.

Ist es leicht, als Ausländerin ein Business auf Bali zu gründen?

Es gibt viele Regeln und es ist definitiv ein Lernprozess, auch nach sechs Jahren noch. Die Gesetze ändern sich jedes Jahr. Wir dürfen nur Balinesen einstellen und keine Ausländer oder Expats, mir gefällt das, das ist gut für die Insel.

Woher bezieht Ihr Eure Produkte?

Fast alles kommt von lokalen Farmen. Jeden Morgen um 5 Uhr wird die frische Ware direkt aus den Bergen geliefert.

☞ In the Raw

Wer Lust auf einen kaltgepressten Saft oder eine frische Kokosnuss hat, ist bei In the Raw genau richtig. Seit Mai 2016 bietet die sympathische Juice-Bar das Beste an Säften, Smoothies und Raw-Food-Snacks an, mit der Mission den healthy lifestyle in Canggu weiter zu verbreiten. So köstlich und energiespendend wie die Drinks, so beeindruckend schön ist die improvisierte Wand aus Holzkisten, die bis unter die Decke geht und in denen frisches Obst und Kokosnüsse wie in einer Kunstausstellung inszeniert sind.

Adresse: Jalan Pantai Batu Bolong No. 56, Canggu, 80361 Mengwi
Tel: 0062 (0) 812 37496861
Internet: www.facebook.com/intherawbali
Öffnungszeiten: Montag – Donnerstag 7.00 – 17.00 Uhr,
Freitag – Sonntag 7.00 – 19.00 Uhr

☞ Avocado Cafe

Das sympathische Café mit den schwarz-weiß gemusterten Tapeten und Vintage-Möbeln ist ein beliebter Treffpunkt in der Canggu-Community und beliebt für seine hausgemachten Kuchen und Cookies, die sich in den Vitrinen und auf dem Tresen üppig aneinanderreihen. Ein Besuch im Avocado Cafe lohnt sich aber eigentlich zu jeder Zeit, ob auf eine Acai Bowl, einen Power Protein Shake, Avocado Toast oder Paleo Salat, die man in gemütlicher Atmosphäre und mit Blick auf das Treiben in der Raya Batu Bolong genießen kann.

Adresse: Jalan Raya Batu Bolong No. 69B, Canggu, 80351 Badung
Tel: 0062 (0) 811 3999411
Internet: www.motionfitnessbali.com
Öffnungszeiten: täglich 7.00 – 22.00 Uhr

WATERCRESS

Die einzige Regel, die es im Watercress gibt, lautet „It's always tasty and packed full of goodness". Als Pablo Fourcard 1982 das erste Mal nach Bali reiste, verliebte er sich kurzerhand in die grüne Insel. Zwar kam Pablo erst Jahre später wieder zurück, doch besser spät als nie. Inspiriert von seiner Heimat Byron Bay in Australien, die einige Ähnlichkeiten mit Bali hat – Health Conscious Lifestyle, Hipster-Paradies und Oase der Entspannung –, erfüllte er sich einen Traum und eröffnete diesen healthy Genussort. Heute ist Watercress der Inbegriff eines gesunden Lunch-Spots mit lockerer Atmosphäre à la Byron Bay. In der Vitrine warten frische Salate, Quiche und zahlreiche glutenfreie Snacks, vor allem die Brownies sind ein Gedicht. Und ein all-time-favorite der Stammgäste ist der australische Angus Beef Burger mit Fenchel, Cranberries, Tomaten und Cheddar. Doch auch Frühaufsteher kommen hier in den Genuss, schließlich wird der House Blend von Revolver Espresso gezaubert mit Röstungen aus Guatemala und Papua-Neuguinea.

Wer sich auch in die Philosophie von Watercress verliebt hat, der Reiseplan einen jedoch weiterzieht, kann sich freuen – in Ubud gibt es mittlerweile eine kleine Schwester von Watercress. Und alle mit Sehnsucht nach etwas Liebe sollten unbedingt das Kokosnuss-Wasser bestellen, das wird hier nämlich mit Liebe zum Detail serviert – in einer mit Herzform aufgeschnittenen Kokosnuss. Spread the love!

21 Watercress Adresse: Jalan Batu Belig No. 21A, Kerobokan, 80361 Badung
Tel: 0062 (0) 851 02808030 Internet: www.watercressbali.com
Öffnungszeiten: täglich 7.30 – 16.00 Uhr und 17.00 – 23.00 Uhr

SISTERFIELDS

Sisterfields ist eine Hommage an die australische Kaffeekultur und im Grunde eigentlich an den ganzen australischen Lebensstil. Dahinter steht der junge Australier Adam McAsey, der zuvor in verschiedenen Hotels und Restaurants in seiner Heimat gearbeitet hat und den Bedarf an gutem Kaffee, Essen und Design erkannte, und so ohne groß zu überlegen sein eigenes Café eröffnete. Vor allem zum Brunch ist das Sisterfields der Hot Spot in Seminyak. In moderner und großzügiger Atmosphäre setzt man sich auf die Terrasse, an die lange Bar oder auf Sofas im Diner-Stil und wird von sympathischen Kellnern in blau-weiß gestreiften Shirts umsorgt.
Serviert wird Comfort Food wie aus dem Bilderbuch, das heißt Avocado-Toast, Eggs Benedict oder Blaubeer-Ricotta-Pancakes. Ein beliebter Sisterfield-Klassiker ist außerdem die Acai Berry Bowl mit Blaubeeren, Banane, Mandelmilch, Gojibeeren-Granola und Kakaonibs. Und exzellenten Kaffee gibt es auch noch. Das Sisterfields ist ein Ort, der diesen Hype wirklich verdient hat! Wer nicht auf der ellenlangen Warteliste landen möchte, sollte jedoch reservieren.

22 Sisterfields Adresse: Jalan Kayu Cendana No. 7, Seminyak, 80361 Badung Tel: 0062 (0) 361 738454 Internet: www.sisterfieldsbali.com Öffnungszeiten: täglich 7.00 – 21.00 Uhr

☞ Bossman Burger

Wer Lust auf einen Gourmet Burger hat, ist bei Bossman richtig. Man sitzt auf Holzbänken auf dem Deck bei lauter Musik und mit Blick auf den Minitempel, wo die Mitarbeiter zwischen ihren Schichten beten. Auf der Karte stehen sechs Signature Burger: The Ghandi, eine köstlich vegetarische Alternative mit Edamame, Quinoa, Rote Bete, Walnuss und Babyspinat, der Al Capone mit 60 Tagen dry aged meat oder der Kim ‚Chi' Un mit frittiertem Huhn, Kimchi und süß eingelegten Gurken.
Für einen gesunden Kick kann man sich einen Smoothie oder Milchshake von Sisterfields gleich nebenan bestellen.

Adresse: Jalan Kayu Cendana No. 8B, Seminyak, 80361 Badung
Tel: 0062 (0) 361 738454
Internet: www.bossmanbali.com
Öffnungszeiten: täglich 11.00 – 4.00 Uhr

BO
$$

☞ Revolver Espresso

Versteckt in einer kleinen Gasse, die von der trubeligen Hauptstraße abgeht, liegt Revolver Espresso. Der Boutique Coffee Roaster ist bekannt für den besten Kaffee Balis, beliebt bei den Hipstern in Seminyak und wird auch in anderen coolen Cafes im Süden serviert. Die silberne Tür mit dem Revolver-Schild hat was von einem geheimen Club. Dahinter verbirgt sich ein Coffee Shop, der sich durch mehrere Räume zieht und von Drip Coffee und Cold Brew bis zu köstlichen Sandwiches und Snacks alles bietet. Besonders zu empfehlen ist der cremige Flat White mit Kokosmilch!

Adresse: Jalan Kayu Aya, Gang 51, Kuta Utara, Seminyak, 80361 Badung
Tel: 0062 (0) 851 00884968
Internet: www.revolverespresso.com
Öffnungszeiten: täglich 7.00 – 18.00 Uhr

REVO

REVOLVER
BOUTIQUE COFFEE HOUSE
ER

Nº 51 B

POTATO HEAD

Seminyak

POTATO HEAD BEACH CLUB

Der Potato Head Club ist der Beachclub der Insel und man sollte Bali eigentlich nicht verlassen, ohne hier einen Cocktail getrunken zu haben. Sowohl architektonisch mit seinem Open-Air-Space, der mit einem türkisen 500 Meter langen Infinity Pool lockt, welcher fast nahtlos in den Indischen Ozean übergeht, als auch kulinarisch, ist dieser Ort eine Superlative: drei Restaurants und zwei Bars, sogar das Rawfood Restaurant Alchemy aus Ubud hat einen Ableger hier. Wollen Sie den ganzen Tag im Beachclub verbringen, sollten Sie am besten vor 11 Uhr kommen, um sich einen guten Platz zu sichern. Ein Day Bed auf der Wiese kostet $50 pro Person, die Strandliege am Meer $100 pro Person, die Kosten können direkt mit dem, was man verzehrt, verrechnet werden. Die Sonnenuntergänge sind hier traumhaft und am Abend legen lokale und internationale DJs auf. Ein Beach Club, der durch seine ausgelassene, informelle, aber dennoch feine Atmosphäre einfach außergewöhnlich ist – auch wenn sich hier natürlich vieles um das Sehen und Gesehen werden dreht.

23 Potato Head Beach Club Adresse: Jalan Petitenget No. 51B, Seminyak, 80361 Badung Tel: 0062 (0) 361 4737979 Internet: www.ptthead.com Öffnungszeiten: täglich 10.00 – 2.00 Uhr

☞ Katamama Hotel

Dieses Boutique Hotel ist der kleine Bruder des Potato Head Beach Clubs, man kann sich also sicher sein, dass man in guten Händen ist. In Kooperation mit dem Innenarchitekten Andra Matin wurde ein Hotel der extravaganten Sorte geschaffen. Neben den großzügig gestalteten Zimmern, die ausschließlich mit heimischen Materialien und in Zusammenarbeit mit balinesischen Künstlern gestaltet worden sind, hat man natürlich auch freien Zugang zum Beach Club und kommt in den Genuss des hoteleigenen Restaurants MoVida, das spanische Tapas-Klassiker serviert.

Tel: Hotel: 0062 (0) 361 3029999, Restaurant: 0062 (0) 361 3029940
Internet: www.katamama.com
Preise: DZ ab $ 350

I DO
believe
IT'S TIME
for
another
ADVENTU

SHELTER CAFE

Das Shelter Cafe ist eine Institution in Seminyak und versteckt sich in einer kleinen Seitenstraße abseits des Trubels. Steigt man die enge Holztreppe hinauf, eröffnet sich eine großzügige Outdoor-Dachterrasse mit Blick auf ein Fußballfeld und an klaren Tagen kann man von hier oben sogar die Vulkanspitze sehen. Überall hängen grüne Pflanzen von der Bambusdecke und es duftet nach frischem und gesundem Essen.

Hier treffen sich junge Traveller, Aussteiger und Locals auf ein gesundes Frühstück, zum Lunch oder auch nur auf einen Kaffee oder eine Kokosnuss. Ob der Rainbow Chia Pudding mit knallpinker Drachenfrucht, oder die köstlichen Fruit Bowls mit fotogenen Superfood Toppings, Eierspeisen, Sandwiches und vegetarische Gerichte, alles schmeckt hier einfach göttlich.

In dem beliebten Hang-out im Süden der Insel herrscht immer eine kreativlebendige Stimmung, an Wochenenden wird Live-Musik gespielt und lokale Designer veranstalten hier immer mal wieder Fashion Pop-ups.

24 Shelter Cafe Adresse: Jalan Drupadi No. 2A, Seminyak, 80361 Badung
Tel: 0062 (0) 813 37706471 Internet: www.sheltercafebali.com
Öffnungszeiten: täglich 8.00 – 18.00 Uhr

PURE

SHELTER

PURE
DID YOU KNOW?

SHELTER
CAFE · BALI
IF YOU never try
YOU'LL never KNOW

☞ Nalu Bowls

Nalu heißt auf Hawaiianisch Welle und ist der neueste Zugang der Shelter-Family. Die Idee kam aus Hawaii, wo die Bowls ein perfekter Snack vor und nach dem Surfen sind.
Gesunde Smoothie Bowls mit hausgemachtem Granola, Früchten und Superfood-Toppings werden vor den Augen der Gäste frisch zubereitet. In den kleinen Holzschalen serviert, kann man die köstlich frischen Bowls direkt an der Bar essen oder auch oben im Cafe Shelter bestellen. Erfrischend ist die Pipeline mit Ananas, Mango, Banane und Kokosnuss oder Teahupoo mit Spinat, Orange, Banane, Ingwer, Ananas, Mango und Apfelsaft. Damit möchte man am liebsten jeden Tag starten.

Adresse: Jalan Drupadi 1 No. 2A, Kuta, Seminyak, 80361 Badung
Internet: www.nalubowls.com
Öffnungszeiten: täglich 7.30 – 18.00 Uhr

Kilo

KILO KITCHEN

Versteckt in einer kleinen Seitenstraße abseits des Trubels von Seminyak befindet sich Kilo Kitchen, das im Vergleich zu den anderen Restaurants der Stadt aus der Reihe tanzt. Um es auf den Punkt zu bringen: Kilo ist eine wahre Oase des guten Designs und die moderne minimalistische Einrichtung aus schlichten Holzmöbeln und großflächiger Kunst, die an den rohen Betonwänden hängt, ist in den lichtdurchfluteten Räumen herrlich erfrischend.

Das Konzept hat seine Wurzeln in Singapur und das Wort Kilo steht für die Idee und den Spirit, Geschichten mit Familie und Freunden bei einem gemeinsamen Essen zu teilen. Ob Wasabi-Tuna-Tatar, gefüllte Sushi-Rolle, die Lammkeule Rendang oder die Spezialität des Hauses, Oktopus auf Kartoffelpüree – die Gerichte von Küchenchef Tim Forster sind köstlich und einfach anders. Wie in vielen asiatischen Restaurants, werden hier die kleinen Portionen mit allen geteilt. Ein krönendes Must zum Abschluss ist der Thymian-Zitrone-Gin-Cocktail!

Keine Frage, dieses Restaurant könnte auch in einer der Großstädte dieser Welt zu Hause sein.

25 Kilo Kitchen Adresse: Jalan Drupadi No. 22, Kuta, Seminyak, 80361 Badung Tel: 0062 (0) 361 4741006 oder 0062 (0) 812 46167618 Internet: www.kilokitchen.com/bali Öffnungszeiten: täglich 12.00 – 14.30 Uhr und 17.30 – 23.00 Uhr, Bar bis 24.00 Uhr

VILLA BELLA

Die Villa Bella der Australierin Jane Corser ist eine Liebeserklärung an die Insel, die sie vor 25 Jahren für sich als temporäres Zuhause in dem kleinen Dorf Kerobokan unweit von Canggu und Seminyak entdeckt hat. Es ist eine versteckte Oase aus drei geschmackvoll eingerichteten Zimmern, mit vielen persönlichen Details, Hängematten, großzügigen Sofas und jeder Menge Lounge-Areas. Vom offenen Esszimmer blickt man auf den Pool im Garten und die angrenzenden Reisfelder. Der perfekte Ort, um mit Freunden oder als Familie Bali auf ganz persönliche Art zu erleben und mit allem ausgestattet, so dass man die Villa eigentlich gar nicht verlassen muss.

Mit viel Herzblut wird sie von dem balinesischen Service-Paar Ketut und Nyoman geführt, das ihren Gästen jeden Wunsch von den Lippen abliest, und den noch kann man hier in totaler Privatsphäre für sich sein. Zum Frühstück und Dinner gibt es eine kleine Karte mit ausgesuchten typisch balinesischen und internationalen Lieblingsgerichten der Inhaberin. Ein Favorit für das Frühstück ist der leckere Dragonfruit Coconut Smoothie, den man unbedingt probieren sollte. Wer selbst kochen möchte, kann im Nachbarort bei Bali Buda, einem tollen Slowfood Bioladen mit Cafe-Restaurant, alles finden.

Auf Wunsch kann man auch Massagen oder einen Heiler buchen und mit etwas Glück findet während des Aufenthaltes eine typisch balinesische Zeremonie statt, zu welcher der Dorfpriester vorbeikommt, um die Villa zu segnen.

26 Villa Bella Adresse: Banjar Kuwum 2, Kerobokan, Canggu, 80361 Badung Internet: www.villabellabali.com, Buchungen über info@villabellabali.com Preise: DZ ab $165, Villa Haus ab $495

Yoga Food Happin

SAMADI ORGANIC

Canggu, einst ein unbekanntes kleines Fischerdörfchen an Balis Westküste, ist mittlerweile ein Mekka für Yogis, Surfer und Hipster. In „the Gu" fällt man zumindest auf, wenn man keinen Wert auf eine der drei Richtungen legt.
Samadi Organic – auch in Canggu zu Hause – zählt in Balis Yoga-Dschungel zu den Lieblingen der Insider und ist weitaus mehr als nur ein Yoga Place mit großartigem Angebot. Der Fokus liegt hier auf Ashtanga Yoga, doch es werden auch Yin Yoga, Hatha Yoga, Yoga für Surfer und therapeutische Yoga-Klassen angeboten. Wer kein Yoga-Fan ist, keine Sorge: dann lassen Sie sich eben von dem Samadi Kitchen Lab mit einem Raw Chocolate Smoothie, einer frischen Kokosnuss oder sonstigen gesunden Köstlichkeiten verwöhnen.
Und es geht noch weiter – im Bodywork und Wellness-Zentrum werden cranio-sacrale Behandlungsformen angeboten und an den Wochenenden verwandelt sich das ganze Samadi-Areal in einen Bilderbuch-Farmers-Markt. Hier kann gestöbert und eingekauft werden, was das Zeug hält, von herrlichen Früchten und Gemüse bis zu Vintage-Kleidungsschätzen. Und wer gar nicht mehr von diesem Ort weg möchte, hat auch die Möglichkeit zu übernachten.
Kurz gefasst, Samadi Organic ist der Place to Be für eine Dosis healthy living!

27 Samadi Organic Adresse: Jalan Padang Linjong No. 39, Echo Beach Canggu, 80361 Badung Tel: 0062 (0) 812 38312505 Internet: www.samadibali.com

HAPPY
KOMBUCHA

MILK & MADU

Milk & Madu (Madu heißt auf Indonesisch Honig) ist der perfekte Hangout für ein ausgedehntes Frühstück oder einen Lunch, ob mit Freunden und Familie oder alleine am Laptop. Die Macher vom Watercress Cafe haben auch hier alles richtig gemacht. Die großzügige überdachte Holzterrasse mit Blick ins Grüne lädt zum Verweilen ein und auf der Karte von Küchenchef Pak Wayan steht alles, was das Foodie-Herz begehrt: Dukkah Poached Eggs, Mango-Buttermilch-Hotcakes, Brioche Burger oder Polenta mit Wasserkresse und Ziegenkäse – serviert von freundlichen balinesischen Kellnern. Und der perfekte Kaffee dazu kommt selbstverständlich vom lokalen Boutique-Röster Revolver Espresso. Aber man wäre nicht auf Bali, wenn es nicht auch eine ausgefallene Juice & Smoothie-Karte geben würde. Ein Favorit ist der Madu Super Smoothie mit Banane, Kakao, Maca, Bienenpollen, Kokosöl, Mandelmilch und Waldhonig.

Besonders beliebt bei der coolen Canggu-Surfer-Community ist das Milk & Madu zum Sonntagsbrunch (7.00 – 15.00 Uhr) und kommt man zum early dinner, kann man den Sonnenuntergang genießen. Mit etwas Glück findet auch gerade ein Milk & Madu Pop-Up-Market statt mit lokalen Designern und Kids-Programm.

28 Milk & Madu Adresse: Jalan Pantai Berawa No. 52, Kuta Utara, Canggu, 80361 Badung Tel: 0062 (0) 851 02781872 Internet: www.milkandmadu.com Öffnungszeiten: täglich 7.00 – 22.00 Uhr

Nalu Bowls
-BALI-
ULUWATU
DRAGONFRUIT
BANANA
PAPAYA
MACARONIS
PAPAYA
MANGO
DRAGONFRUIT
PINEAPPLE
STRAWBERRIES
+ Apple Juice
J-BAY
PEANUT BUTTER
BANANA
HONEY +
SOY MILK
TOPPED W/ HOMEMADE GRANOLA + BANANAS
DEAR GUESTS
PLEASE ORDER
AND PAY FOR
YOUR NALU BOWL
HERE

milk
madu

STRAIGHT
HELLO
Coffee
FRESH
BREWED
CAP PUCCINO
LATTE
DARK

BALI NUTRA
THE NATURAL SWEETENER
COCONUT SYRUP
BALI NUTRA
THE NATURAL SWEETENER
COCONUT SYRUP
BALI NUTRA
THE NATURAL SWEETENER
COCONUT SYRUP
WATERCRESS
WATERCRESS
WATERCRESS

SUKHAVATI
AYURVEDIC RETREAT AND SPA

SUKHAVATI SPA

Sukhavati ist ein Boutique-Wellness-Retreat und der perfekte Ort für eine ayurvedische Pancha-Karma-Kur. Hinter dem traditionell balinesischen Tor verbirgt sich eine grüne Oase mit acht komfortablen Villen mit Outdoor-Bädern, Terrasse und Pool, die großzügig über das hügelige Anwesen verteilt sind. Von Dr. Raju, dem indischen Arzt des Spas, erfährt man zu Beginn alles über seine eigene Konstitution und wie man seine erhöhten Doshas (Lebensenergien) wieder in Balance bringen kann. Ein Detox-Tag beginnt nach Sonnenaufgang mit einem kurzen Spaziergang durch die Reisfelder, gefolgt von einer Yoga Class. Zum Frühstück hat man die Wahl zwischen köstlichen ayurvedischen Kreationen wie grüne Mungbohnen-Dosas, Idlis (fluffige Reisküchlein) mit Minz-Chutney, dazu Kokoswasser, Kurkuma-Tee, tropische Früchte und frische Gemüsesäfte und es fühlt sich eher an wie im Paradies als wie Verzicht. Danach wird man mit ayurvedischen Treatments wie Abhyanga, eine 4-Händemassage mit warmem Sesamöl, Shirodhara, ein Stirnölguss, oder einem Body-Scrub aus Mungobohnen, Zimt und Ingwer verwöhnt. Zum Lunch und Dinner werden köstliche Kompositionen aus Reis, Curry, Gemüse und Daal serviert. Zwischendurch kann man wunderbar am Pool relaxen, mit dem Fahrrad zum Strand radeln oder einen Tempel besuchen. Das Personal ist hinreißend und man fühlt sich schon nach dem zweiten Tag als Teil der Sukhavati-Familie. Für eine transformative Pancha-Karma-Erfahrung werden 7–21 Tage empfohlen, man kann aber auch zum Kennenlernen nur einen Wellness-Tag buchen.

29 Sukhavati Spa Adresse: Br Bebengan Tangeb Abianbase, Mengwi, 80351 Badung Tel: 0062 (0) 361 9006128 Internet: www.sukhavatibali.com Preise: Wellnesstag ohne Übernachtung $180, 7-Tage-Kur $3000 pro Person inkl. Übernachtung, Essen, Arzt-Konsultation und Treatments

Idlis mit Koriander-Chutney

8 Personen

120 g Reismehl
80 g Linsenmehl
1 TL Backpulver
1 Prise Bockshornklee
½ TL Salz
Ghee (geklärte Butter)

100 g Kokosfleisch oder Kokosraspeln
Saft einer Limette
1 Prise Salz
½ TL Kuminsamen
1 Handvoll frische Korianderblätter

Für die Idlis braucht man einen speziellen Kocher, den man im Internet für 25 Euro bestellen kann. Die Investition lohnt sich.

Das Mehl mit dem Backpulver, Bockshornklee und Salz vermischen und so viel Wasser dazugeben, dass es einen dickflüssigen Teig ergibt. Den Boden des Idli-Kochers mit Wasser füllen, die einzelnen Formen mit Ghee fetten und 2 Esslöffel vom Teig in jede Idli-Form geben. Auf großer Flamme garen, bis der Kocher pfeift, danach den Kocher vom Feuer nehmen und noch 10 Minuten ziehen lassen.

Für das Koriander-Chutney die Kokosraspeln, den Koriander, die Kuminsamen und den Limettensaft in einen Mixer geben und 1–2 Minuten mixen, damit eine cremige Paste entsteht.

Im Sukhavati-Spa werden die Idlis zusammen mit Daal zum Frühstück serviert.

SMART
TRAVELLING

GUT ZU WISSEN

Bali ist groß, darum ist dieser Infoteil so klein. Hier erfahren Sie nicht alles und jedes, sondern genau das, was Sie für eine perfekte Woche brauchen. Wenige, aber genau die richtigen Informationen: Wissenswertes über die Lebensart auf Bali, eine kleine subjektive Auswahl an Sehenswürdigkeiten, kulinarischen Besonderheiten, spirituellen Erfahrungen und Tipps für Unternehmungen. Dazu eine Karte mit all unseren Lieblingsadressen, damit Sie nicht lange suchen müssen, sondern gleich anfangen können, die Insel zu genießen.

BALINESISCHE TRADITION

Lebensart

Was Bali mitunter so einzigartig macht, ist die besondere Lebensart und Kultur der Balinesen auf der einzigen hinduistischen Insel inmitten des überwiegend islamischen Indonesiens. Unzählige Tempel, kleine Altare, duftende Opfergaben, farbenfrohe Zeremonien und prächtige Feste prägen den Alltag der Inselbewohner. Der Hinduismus auf Bali ist sehr facettenreich und mit keinem einheitlichen Konzept verbunden, sondern von Region zu Region unterschiedlich und eher eine Lebensphilosophie im Einklang mit der Natur und dem Universum.

Und trotz verschiedenster Einflüsse von außen und dem steigenden Tourismus der letzten Jahre konnten sich die Balinesen ihre eigene, besondere Identität bewahren. „*Pelan-pelan*“, was so viel wie „Ruhe-Ruhe“ heißt, ist das Lebensmotto auf Bali.

Kastensystem

Mit der Invasion durch die javanischen Majapahit-Herrscher gelangte auch das Kastensystem in die balinesisch-hinduistische Gesellschaft. Doch im Vergleich zum indischen System unterscheidet man hier nur vier Kasten. An der Spitze der Gesellschaftshierarchie steht die Brahmana-Kaste, zu der Priester und Gelehrte zählen. Das Erkennungsmerkmal dieser Kaste ist der Namensbeginn Ida Ayu bei Frauen und Ida Bagus bei Männern. Darauf folgt die Kaste der Ksatrya, der vor allem Politiker, Fürsten und Prinzen angehören und deren Namen mit Anak, Agung oder Dewa ergänzt werden. Händler, Kaufleute und Großgrundbesitzer sind der Waisya-Kaste zugeordnet und sind an den Namen Gusti und Ngurah zu erkennen. Die drei genannten Kasten Brahmana, Ksatrya und Waisya werden zu den höheren Kasten gezählt (Triwangsa), die sich durch materielle Vorteile und eine höhere Ausbildung auszeichnen. Die große Mehrheit der balinesischen Bevölkerung, etwa 95 Prozent, zählt jedoch zu der Sudra-Kaste, oder auch Jaga-Kaste genannt.

Heute werden allerdings nur noch wenige Unterschiede zwischen den einzelnen Kasten gemacht und es geht auf der Insel längst nicht so streng wie im indischen Kastensystem zu. So wird auch die Heirat zwischen Angehörigen verschiedener Kasten als normal angesehen.

Namensgebung

Die Namensgebung der Balinesen ist weltweit einzigartig und lässt manchmal denken, alle Balinesen heißen gleich. Doch dahinter steckt ein System, denn nach traditionellem Brauch erfolgt die Namensgebung eines Kindes nach der Reihenfolge der Geburt und sogar unabhängig vom Geschlecht.

Das erstgeborene Kind wird Wayan, Gede, Putu oder Luh (nur für Mädchen) genannt, das zweitgeborene Made, Kadek oder Nengah, das drittgeborene Nyoman oder Komang und das viertgeborene erhält den Namen Ketut. Wer mehr als vier Kinder gebärt, fängt nach dem vierten Kind wieder mit dem Namen für die Erstgeborenen an. Doch da die meisten balinesischen Familien nur zwei oder drei Kinder haben, begegnen einem auf der Insel zahlreiche Wayans und Mades.

Sprache

Nach der Unabhängigkeit Indonesiens 1949 wurde auch auf Bali Bahasa Indonesia zur offiziellen Sprache ernannt. Dennoch wird Balinesisch weiterhin gelehrt und gesprochen. Die Sprache hat verschiedene Ausprägungen, je nachdem in welcher Region man sich befindet oder aus welcher sozialen Herkunft man kommt. Sind Balinesen unter sich, sprechen sie meist Balinesisch und nicht Bahasa Indonesia.

Verhaltensweisen

Die Balinesen begegnen Reisenden meistens mit einem Lächeln auf den Lippen und sind überaus hilfsbereit und freundlich. Trotzdem gibt es einige Kleinigkeiten zu beachten, die eingehalten werden sollten, um den Einheimischen respektvoll zu begegnen.

Im Allgemeinen sind die Balinesen ein zurückhaltendes Volk und sehen es nicht gerne, wenn man offen oder lautstark seinen Ärger oder Unmut zeigt, vielmehr sinkt dadurch das Ansehen bei den Einheimischen. Auch wildes Gestikulieren ist eher unüblich, stattdessen gilt das Motto: Stay cool, dude!

Des Weiteren wird die linke Hand als unrein angesehen, daher sollten Berührungen mit dieser vermieden werden. Als Zeichen des Respekts und der Sauberkeit sollten vor dem Betreten eines Privathauses immer die Schuhe ausgezogen werden.

Für die Hinduisten ist der Kopf heilig, genauer gesagt, stellt dieser den Sitz der Seele dar. Daher wird es nicht gerne gesehen, wenn der Kopf, insbesondere von Kindern, gestreichelt oder berührt wird.

Zeremonien

Das Leben der Balinesen ist durchzogen von zahlreichen offiziellen und privaten Zeremonien und Festen, und es vergeht kein Tag, an dem nicht irgendwo ein festlicher Ritus stattfindet. Die Bräuche beginnen schon in frühester Kindheit, so werden bereits kurz nach der Geburt die ersten bösen Geister vertrieben.

Balinesischer Tanz

Auch Tänze sind fester Bestandteil des Alltagslebens auf Bali. Legong ist ein traditioneller balinesischer Tanz, der bis in den Anfang des 20. Jahrhunderts zurückgeht und zur Unterhaltung aufgeführt wird. Am meisten verbreitet ist der Legong Kraton (Legong des Palastes) mit drei Tänzerinnen. Den Auftakt macht die Dienerin Condong, gefolgt von zwei Angehörigen des Königshauses, die Legong genannt werden und die gleichen aufwendigen Kostüme aus eng gewickeltem Brokat und verziertem Kopfschmuck tragen. Die Gesichter der Tänzerinnen sind intensiv geschminkt, wodurch ihre Mimik und Gestik und die dadurch hervorgerufenen Gefühle, mit denen die Geschichte erzählt wird, noch verstärkt werden.

Unterstützt wird das Schauspiel durch ein Gamelan Pelegongan Orchester aus mehreren Metallophonen und kleineren Gongs. Sieht man den Tanz zum ersten Mal und kennt den Hintergrund nicht, kann es erst einmal befremdlich wirken.

BESONDERE TEMPEL

Bali ist von einer großen Anzahl an Tempeln übersät. Sie sind in Reisfeldern, auf Märkten, in Meeresbuchten, auf Felsen entlang der Küste, auf entlegenen Bergspitzen oder an Wegesrändern zu finden. Täglich werden den Göttern Opfergaben in Form von frischen Blumen, Früchten, Reis

und aus Reisstroh geflochtenen kleinen Figuren dargebracht.
Es sollen 20 000 sakrale Bauten auf Bali registriert sein, das entspricht vier heiligen Schreinen pro Quadratkilometer. Dort sind aber noch nicht einmal die sogenannten Familientempel enthalten. Balinesische Tempel, *pura*, sind keine Relikte einer vergangenen Epoche, sondern lebendige Stätten der Verehrung und des Gebets.

Was man noch wissen sollte:
In fast allen Tempeln wird das Tragen eines Sarongs mit traditioneller Schärpe für Frauen und Männer vorgeschrieben. Dieser Rock, der aus einer Stoffbahn besteht, kann entweder auf einem Markt gekauft oder in den Tempelanlagen und Hotels ausgeliehen werden. Wer trauert, eine Wunde hat oder menstruiert, darf die Tempelanlagen nicht betreten.

Pura Tirta Empul – Tempel der heiligen Quelle

Pura Tirta Empul, die „sprudelnde Quelle", liegt eine halbe Stunde von Ubud entfernt und ist eine der wichtigsten Tempelanlagen Balis und Pilgerort für Spirituelle. Das Wasser soll Körper und Geist vor bösen Göttern und Dämonen schützen und eine starke heilende Kraft besitzen. Die traditionelle Reinigungszeremonie, ein Ritual, das für die Balinesen eine große spirituelle Kraft besitzt, ist ein authentisches und unvergessliches Erlebnis. Man braucht Sarong, Opfergaben und Wechselkleidung. Und am besten buchen Sie sich einen lokalen Guide über das Hotel, der den Ablauf des Rituals kennt und mit Ihnen die Zeremonie durchführt.
Um die Fontänen türmen sich unzählige Opfergaben in kleinen Körbchen mit frischen Blumen, Reis, Süßem, Obst und Geldscheinen, dazu werden Räucherstäbchen abgebrannt.
Um sich unter jeder der 12 Fontänen zu reinigen und von Krankheiten oder negativen Gedanken zu befreien, steht man vorher geduldig im Wasserbecken in der Schlange an.
Am frühen Morgen oder am späten Nachmittag ist die beste Zeit, den heiligen Ort etwas ruhiger zu erleben. Viele balinesische Familien kommen am Sonntag oder zum Vollmond.

Tipp: Wer eine leere Plastikflasche mitnimmt, kann sich auch etwas vom heiligen Quellwasser abfüllen.

Jl. Tirta, Manukaya, Tampaksiring,
80552 Gianyar
täglich 9.00 – 17.00 Uhr

Pura Besakih – Der Muttertempel

Pura Besakih ist der bedeutendste hinduistische Tempel im Osten Balis und liegt am Hang des Gunung Agung, dem größten Vulkan der Insel und Sitz der Götter. Nach ca. einem Kilometer Fußweg erreicht man den Tempeleingang, der fast wie ein Tor zum Himmel erscheint. Dahinter eröffnet sich eine imposante Tempelanlage aus über 200 Bauwerken, mehrstufigen Türmen, Schreinen, riesigen goldenen Türen und Statuen mit zahlreichen Verzierungen. Die drei Hauptgebäude wurden den drei wichtigsten hinduistischen Göttern Brahma, Shiva und Vishnu gewidmet. Jede Kaste hat hier ihre eigenen Tempel, jede Dorfgemeinschaft ihre eigenen Bereiche und jedes Fürstengeschlecht seinen eigenen Bezirk.

Der heilige Ort ist leider sehr überlaufen, auch in der Nebensaison, und man muss sich auf Touristenstände und aufdringliche Händler einstellen.

Desa Besakih, Rendang,
80863 Karangasem
täglich 8.00 – 18.00 Uhr

DIE WICHTIGSTEN TEMPELFESTE

Galungan ist der Jahrestag der Schöpfung der Welt und das aufwendigste Tempelfest, das alle 210 Tage (ein Bali-Jahr) gefeiert wird, 10 Tage dauert und mit dem Kuningan-Fest endet. Die Straßen werden mit *Penjor* geschmückt, Bambusstäbe, die mit Früchten, kleinen Reiskuchen, Blumen und weißen oder gelben Stoffen verziert werden und als Symbol für die Anwesenheit des Schöpfergottes gelten, und vor jedem Haus hängen *Lemaks*, Geflechte aus Palmblatt. Sang Hyang Widhi, der höchste Gott, besucht in dieser Zeit mit anderen Göttern und den Ahnen die Tempelanlagen und Häuser der Nachkommen und verlässt sie am letzten Tag wieder. Es wird überall gebetet, die Gläubigen werden mit heiligem Wasser gesegnet und ein umfangreiches kulturelles Programm mit Schattenspielen, Masken-Tänzen und Hahnenkampf rundet die Feierlichkeiten ab.

Odalan – der Jahrestag zur Weihe der zahlreichen Tempel – zieht sich mit seinen lokal bedingten Festen über das gesamte Bali-Jahr hin. Den ganzen Tag über und bis in die frühen

Morgenstunden werden Opfergaben in den Tempel getragen, von Dorfpriestern gesegnet und später wieder nach Hause gebracht und dort gegessen. Meist findet auch ein Hahnenkampf statt.

Nyepi ist das balinesische Neujahrsfest und der heiligste hinduistische Feiertag auf Bali. Der Tag richtet sich nach dem balinesischen Kalender und ist für gewöhnlich im März oder April. Am Vortag finden auf der ganzen Insel gigantische Umzüge statt und sobald es dunkel wird, werden große Dämonenfiguren auf Bambusgerüsten durch die Straßen getragen, um die Geister ins Meer zu treiben. Ein unvergessliches Spektakel, das bis in die frühen Morgenstunden andauert und mit der Verbrennung der Figuren auf dem Dorfplatz endet. Ab sechs Uhr morgens herrscht dann auf der gesamten Insel für 24 Stunden Stille, denn die ins Meer vertriebenen Geister schauen an dem Tag auf die Insel und wenn sie niemanden sehen, nehmen sie an, dass die Insel verlassen ist und kommen nicht wieder. Keiner darf aus dem Haus gehen, es wird nicht gearbeitet, alle Geschäfte sind geschlossen und der Verkehr komplett eingestellt, sogar der Flughafen bleibt für 24 Stunden geschlossen.

Nyepi fällt in den nächsten Jahren auf folgende Termine:
28. März 2017
17. März 2018

NEKA ART MUSEUM

Das beeindruckende Kunstmuseum, 10 Minuten nordwestlich von Ubud entfernt, ist benannt nach dem balinesischen Lehrer Suteja Neka, der Mitte der 1970er-Jahre Kunstwerke zu Dokumentationszwecken gesammelt hatte, und öffnete 1982 in Campuhan seine Türen. Heute umfasst die Sammlung mehr als 400 Werke einiger der einflussreichsten Künstler von Bali und gibt einen wunderbaren Querschnitt durch die Entwicklung der balinesischen Kunst. Neben traditionellen balinesischen Gemälden im berühmten Wayang-Stil kann man zeitgenössische indonesische Kunst, historische Schwarz-Weiß-Fotografien, die Bali in den Jahren vor dem Zweiten Weltkrieg zeigen, sowie eine Sammlung von Holzschnitzereien und Bronzeskulpturen bewundern. In den Pavillons gibt es Wechselausstellungen und im Museums-Café kann man sich nach dem Besuch stärken.

Jalan Raya Sanggingan Campuhan,
Kedewatan Village, Ubud,
80571 Gianyar
www.museumneka.com
täglich 9.00 – 17.00 Uhr

REISTERRASSEN TEGALALANG

Keine andere Landschaft ist typischer für Bali als die Reisterrassen, angelegt in aufwendiger Handarbeit an den Hängen und in allen Grüntönen leuchtend. Reis ist ein Grundnahrungsmittel mit einer langen Tradition auf der Insel und sichert heute immer noch vielen balinesischen Familien ihren Lebensunterhalt. Und Dank des Monsun-Klimas und der Vulkanerde kann sogar dreimal im Jahr Reis geerntet werden.

Eine der bekanntesten Reisterrassen von Bali liegt im Norden von Ubud im kleinen Ort Tegalalang. Die Fahrt geht vorbei an hunderten von Manufakturen für balinesische Möbel, Handwerk, Kunst und Kitsch. Bereits von der Straße aus bietet sich ein gigantischer Blick auf die leuchtend grünen, ausladenden, serpentinenartig angelegten Reisterrassen, durch die man auch wunderbar spazieren kann.

Da der Ansturm von Touristen sehr groß ist, sollte man am besten zeitig am Morgen kommen. Wer es ruhiger und authentischer mag, kann auch überall um Ubud herum immer wieder wunderschöne Ausblicke auf saftig grüne Reisterrassen genießen.

Tegalalang Reisterrassen
ca. 12 km nördlich von Ubud

REISGÖTTIN DEWI SRI

Auch beim Reisanbau spielen Zeremonien eine wichtige Rolle und sind der balinesischen Fruchtbarkeits- und Reisgöttin Dewi Sri gewidmet. An den Rändern der Reisfelder sieht man kleine Schreine, die regelmäßig mit Opfergaben gefüllt werden, um eine gute Ernte zu sichern. Und auch Opfergaben, die jeden Tag vor den Eingangstüren der Häuser und Geschäfte aufgestellt werden, in kleinen, aus Palmblättern hergestellten Körbchen, enthalten neben Blumen und Räucherstäbchen auch immer einige Reiskörner. Damit bedanken sich die Balinesen für die alte Ernte und bitten um eine neue reiche Reisernte. Der Tempel Pura Beji in Nordbali ist der Reisgöttin Dewi Sri gewidmet.

HEISSE QUELLEN - AIR PANAS

Eine Wellness-Oase mitten im grünen Dschungel sind die heißen Quellen von Banjar, die *Air Panas*, die in den Bergen im Norden Balis liegen. Auf mehrere Becken verteilt, kann man sich hier in dem heißen schwefeligen Wasser in freier Natur wunderbar entspannen. Besonderes Highlight ist die Pool-Dusche, von der mehrere Wasserstrahlen ins Becken hinunter prasseln und wunderbar Schultern und Rücken massieren.

Auch wenn es bei Balis Außentemperaturen etwas merkwürdig erscheint, in heiße Quellen mit Temperaturen von 36–38° Grad zu baden, ist es doch ein wohltuendes Erlebnis für Körper und Seele und hat besonderen Charme während der Regenzeit. Wer es ruhig mag, sollte morgens vor zehn Uhr kommen.

Air Panas
Buleleng, 81152 Banjar
Tel: 0062 (0) 362 92901
www.banjarhotspring.co.id
täglich 8.30 – 17.30 Uhr

REINIGUNGS-RITUAL BEI DER HOHEPRIESTERIN IDA

Ein Reinigungs-Ritual mit der Hohepriesterin ist eine transformative und einzigartige spirituelle Erfahrung. Genauso beeindruckend ist ihre Geschichte. Ida Resi Alit ist mit 30 Jahren nicht nur die jüngste Hohepriesterin auf Bali, sie kommt noch dazu aus einer Bauernfamilie. Durch eine Nahtoderfahrung beim Meditieren und Downloads heiliger Kali Chants war Ida schon mit 21 entgegen aller Traditionen offiziell anerkannte und geweihte Hohepriesterin. Normalerweise muss man männlichen Geschlechts sein, aus der Kaste der Brahmanen kommen und auch mehrere Jahre intensives Training absolviert haben, um sich Hohepriester zu nennen.

In einem *Melukat* Wasser-Blessing mit Meditation und Opfergaben wird man von der Hohepriesterin dazu eingeladen, sich mit Mutter Erde zu verbinden und alles loszulassen, was man nicht mehr braucht. Dazu singt Ida und gießt immer wieder Heiliges Wasser über den ganzen Körper, bis sie das Gefühl hat, der Körper ist komplett gereinigt. Man braucht einen Sarong und Wechselkleidung.

Die Hohepriesterin lebt in dem kleinen Dorf Bangli, 25 km von Ubud.
Kontakt: 0062 (0) 819 99216776
(Terminanfragen am besten über whatsapp texten)
www.idaresialit.com

BALI SPIRIT FESTIVAL

Das internationale Festival steht unter dem Slogan „Tri Hita Karana“ (mit dem Göttlichen, der Gesellschaft und der Natur in Harmonie leben) und findet 2017 bereits zum zehnten Mal statt. Jedes Jahr im März kommen spirituell Interessierte aus der ganzen Welt zusammen, um gemeinsam im Zeichen der Harmonie auf Bali zu feiern. Das umfangreiche Programm bietet alles, was man sich nur wünschen kann, von Workshops zu Themen wie Ayurveda oder bewusster Ernährung, über Vedic Astrology, verschiedenen Yogaklassen und -stilen, Meditation und Sound

Healing, bis hin zu traditionellen balinesischen Aufführungen, Bhakti Musik, Kirtan und Ecstatic Dance. Dazu findet tagsüber der Dharma Fair Market statt, auf dem organische Lebensmittel (hauptsächlich vegan) und lokal hergestellte Handarbeiten, vor allem Schmuck und Kleidung, verkauft werden. An den Abenden finden Konzerte und Performances mit Line Ups aus der ganzen Welt auf dem „One World One Stage" im Alma Museum statt.
Wer im März auf Bali ist, sollte sich einen Tag auf dem Spirit Festival auf keinen Fall entgehen lassen.

Tagsüber: Bhanuswari Resort & Spa, Jalan Tengkulak Tengah, Kemenuh, Sukawati, 80552 Gianyar, 15 min südöstlich von Ubud Zentrum

Abends: ARMA Museum, Jl. Raya Pengosekan Ubud, 80571 Gianyar
Tel. (ges. Festival):
0062 (0) 811 3939 900
www.balispiritfestival.com
19. – 26. März 2017

RIVER RAFTING

Wer es etwas actionreicher mag, sollte sich das unvergessliche Erlebnis einer River-Rafting-Tour auf dem Fluss Ayung westlich von Ubud nicht entgehen lassen. Aufregende Stromschnellen wechseln sich mit ruhigen Stellen ab und sorgen nicht nur für einen Adrenalinkick, sondern auch für Pausen, in denen man die atemberaubend schönen, tropischen Landschaften genießen kann. So führt die Fahrt vorbei an sattgrünen Tälern, urigen Dörfern, Wasserfällen und Reisterrassen, die man vom Wasser aus einer ganz anderen Perspektive wahrnehmen kann. Die ganze Aktion dauert mit An- und Abfahrt einen halben Tag, vergessen Sie die Wechselkleidung nicht, denn während der teils wilden Fahrt können einige Spritzer Wasser für eine ungewollte, aber willkommene Abkühlung sorgen.

Tel: 0062 (0) 361 729016
www.balisobek.com
Dauer: 1,5–2 Stunden, $79 pro Person
tägliche Abholzeiten Ubud:
8.45 – 9.15 Uhr, 9.45 – 10.15 Uhr, 13.15 – 13.45 Uhr

RADFAHREN

Die Gegend um Ubud, mit der saftig grünen hügeligen Landschaft und den kunstvoll angelegten Reisterrassen, lässt sich auch sehr gut mit dem Fahrrad erkunden. Entweder man geht selbst auf Erkundung oder bucht eine „Off-the-beaten-track"-Tour mit Bali Bike Baik, die durch Reisfelder und Kaffeeplantagen führt und Lunch in einem authentischen balinesischen Warung und pick up vom Hotel beinhaltet.

Bali Bike Baik Cycling Tours
Banjar Laplapan, Petulu,
Ubud, 80561 Gianyar
Tel: 0062 (0) 813 38673852
www.balibike.com
täglich 7.00 – 22.00 Uhr

HUBUD CO-WORKING

Hubud ist Balis erster Co-Working Space und beliebte Anlaufstelle digitaler Nomaden und Entrepreneure in Ubud. Man kann hier wunderbar drinnen oder draußen sitzen und mit Blick auf Reisfeld und in netter Community hochmotiviert arbeiten. Kauft man etwas im Café, bekommt man gratis 2 Stunden Zugang zum High-Speed-Internet. Ansonsten kann man zwischen Tagespässen, Stunden-Paketen und Monatsmitgliedschaften wählen.

Gegenüber befindet sich der Monkey Forest, wo man vorwitzige Affen, die sogar auf den Mauern an der Straße frei herumlaufen, so nah wie sonst nur selten beobachten kann. Der Park ist nicht sehr groß, aber mit seinen uralten Bäumen und bemoosten Steinen dennoch ein Genuss für das Auge.

Hubud Co-Working
Monkey Forest Road 88x, Ubud,
80571 Gianyar
Tel: 0062 (0) 361 978073
www.hubud.org
Montag – Freitag 8.00 Uhr – 19.00 Uhr,
Samstag und Sonntag 9.00 – 17.00 Uhr

Preise:
Tagespass $20,
50 Stunden In & Out/per Monat $60,
Monatspass unlimited $275

Monkey Forest
www.monkeyforestubud.com
täglich 8.30 – 18.00 Uhr

BALI BUDA

Seit 1994 gibt es Bali Buda auf der Insel mit den besten Produkten von lokalen Farmen Balis, alles ist biologisch und gemäß Slow-Food-Prinzipien. Eine sympathische Mischung aus Bioladen, in dem man alles bekommen kann, was man als gesundheitsbewusster Mensch liebt, und Café-Restaurant. Auf der Karte stehen balinesische Klassiker, wie ayurvedische und vegane Lieblingsgerichte, zum Beispiel Kokos-Chia-Pudding, *Balinese Morning Glory* aus Süßkartoffel, Bananen, Datteln und Kokosmilch, *Gado Gado* (Salat mit Erdnusspaste), Gourmet Burger, Curries oder Macrobiotic Bowls. Dazu gibt es selbstverständlich Bulletproof Coffee, ayurvedische Golden Milk, Green Superfood Smoothies und frisch gepresste Säfte.

Bali Buda Ubud
Jl Jembawan #1
Ubud, 80571 Gianyar
Tel 0062 (0) 361 976324 oder 978963
www.balibuda.com
täglich 6.00 – 22.00 Uhr

Weitere Filialen gibt es in Sanur, Kerobokan und Bukit.

GAYA GELATO

Das beste Eis auf der Insel bekommt man bei Gaya Gelato. Erfrischende Sorbets und cremiges Milcheis aus natürlichen lokalen Zutaten und mit für Bali spezifischen Geschmacksrichtungen wie Durian, Tamarillo, Passionsfrucht, Lemongrass, Ingwer Stracciatella, Cashew oder Cacao erschweren die Entscheidung. Das Gute: Neben dem Laden in Ubud gibt es weitere Filialen über die Insel verteilt, so dass man auf seiner Bali-Reise immer wieder in den Genuss kommen kann.

Jalan Raya, Ubud, 80571 Gianyar
Tel: 0062 (0) 361 979252 oder 979253
www.gayagelato.com
täglich 8.00 – 22.00 Uhr

BESONDERE LÄDEN IN UBUD

La Bohème Bali

Das balinesische Modelabel, das 2011 gegründet wurde, hat eine ausgesuchte Kollektion aus Kaftanen, Kleidern und T-Shirts sowie Home-Accessoires, beispielsweise Kissen und Decken. Gemäß dem Motto „In Tune with Nature" wird alles auf Bali mit Stoffen aus biologischen Naturmaterialien geschneidert und in dezenten Farben mit Pflanzen, Kräutern und Früchten gefärbt.

Jalan Gootama 5,
80571 Ubud
Tel: 0062 (0) 361 4792520
www.labohemebali.com
Montag – Sonntag 10.00 – 21.00 Uhr

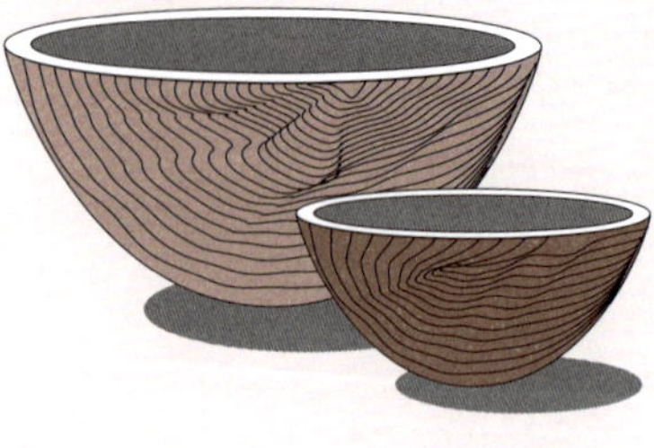

ubdy

Hier findet man tolle handgemachte Teakholzobjekte: Müslischalen, Löffel und Schneidebretter in minimalistischem Design und aus unbehandelten Hölzern. Neben dem Laden im Zentrum gibt es einen zweiten Laden auf 19 Jl. Kajeng.

29 Hanoman St, Padang, Tegal,
80571 Ubud
www.facebook.com/baliubdy
Montag – Sonntag 10.00 – 21.00 Uhr

GREEN SCHOOL

Die Green School von John und Cynthia Hardy, dem Besitzerehepaar vom Bambu Indah Hotel, liegt zwischen Ubud und Seminyak und ist ein globales Vorbild für ein „Free Spirit New Age School Model". 2008 haben sie mitten im balinesischen Dschungel einen Campus gebaut, komplett aus Bambus, mit Klassenräumen ohne Wände, einer Yoga-Schule, einem Art-Studio, einem Farmstand mit frischen Säften und gesunden Snacks von der Kul Kul Farm und einer Healing Crystal Station, bei der sich 400 internationale Schüler und Studenten zwischendurch mit neuer Energie aufladen können. Für eine Führung durch die Green School muss man sich vorher anmelden.

Jalan Raya Sibang Kaja,
Banjar Saren
Abiansemal, 80352 Badung
Tel: 0062 (0) 361 469875

Touren:
Montag – Freitag 9.00 – 10.00 Uhr,
Samstag und Sonntag 10.30 – 11.30 Uhr
Anmeldung unter:
tours@greenschool.org
www.greenschool.org

GREEN VILLAGE BALI

Das Green Village ist ein Community Village aus 18 einzigartigen Bambus-Häusern, nur 20 Minuten zu Fuß von der Green School entfernt. Gestaltet von Elora Hardy und ihrer Designagentur Ibuku ist das Green Village ein Musterbeispiel für nachhaltiges Leben in idyllischer Natur an den Hängen des Flusses Ayung. Die Häuser werden langfristig vermietet an Familien, deren Kinder in die Green School gehen, es stehen aber auch Zimmer für eine kurzzeitige Vermietung zur Verfügung.

Jalan Tanah Ayu, Sibang Gede,
Abiansemal, 80352 Badung
Tel: 0062 (0) 811 3922254
Buchungen unter:
reservations@greenvillagebali.com
www.greenvillagebali.com

KUL KUL FARM

Die Kul Kul Farm ist eine „Organic Permaculture Farm", geführt von Orin Hardy, mit Gemüsebeeten, Farm-Shop, Workshop-Areas, Feuerstelle, Zelten und Kabinen zum Übernachten. Seine Mission ist es, Menschen zusammenzubringen und ein Bewusstsein für gesundes Essen sowie ein Leben im Einklang mit dem Land zu schaffen.
Regelmäßig veranstaltet er Bambus-Workshops und Permaculture-Design-Kurse und holt dafür Studenten aus der ganzen Welt nach Bali. Jeden Donnerstag kann man die Farm besuchen, zwischen den Gemüsebeeten wandeln, ein gesundes Farm-to-Table Lunch genießen oder im Farm-Shop den frisch geernteten Kokoszucker kaufen.

Jalan Raya Sibang Kaja, Abiansemal, 80352 Badung
Tel: 0062 (0) 811 3896070
www.kulkulfarmbali.com
Jeden Donnerstag 9.00 Uhr, kostenloser Organic Farm Workshop und Lunch
Anmeldung unter:
kul@kulkulfarm.com

BIG TREE FARMS SCHOKOLADENFABRIK

Gestartet hat Big Tree Farms 2003 als kleine Farm, auf der hochwertiges Bio-Gemüse angebaut wurde, heute ist sie die größte Schokoladenfabrik Balis. Vor zehn Jahren waren sie die Ersten, die biologisch angebauten Kokosblütenzucker auf den Weltmarkt gebracht haben. Heute vertreiben sie neben Kokosblütenzucker und -nektar auch Kokosöl und Kokosmus, rohen Kakao und Kakaonibs, handgeschälte Cashewkerne und sogar Kokosnusswasser-Pulver. Nach dem Motto „Transparent Direct-Trade" arbeitet Big Tree Farms mit über 14 000 Kleinbauern zusammen, die sich über die gesamte Inselgruppe erstrecken, und unterstützt damit soziale und ökologisch nachhaltige Produktionsketten. Bei einer Produktionsbesichtigung in dem imposanten Bambusgebäude kann man sehen, wie die Bohne zu Kakao verarbeitet wird, einzelne Produkte verkosten und diese dann auch im Shop kaufen.

Piakan, Sibang Kaja, Abiansemal,
80352 Badung
Tel: 0062 (0) 361 8463327
Montag – Freitag 14.00 – 17.00 Uhr
www.bigtreefarms.com
Anmeldung zur Tour unter:
tours@bigtreefarms.com

KULINARISCHE SPEZIALITÄTEN

Ein Essen ohne Reis ist in der traditionell balinesischen Küche undenkbar. Mit arabischen und indischen Händlern kamen Ingwer, Kurkuma und Kardamom auf die Insel. Die Portugiesen brachten scharfe Chilis, niederländische Kolonialmächte verschiedene Süßspeisen.

Keine Speise wird auf Bali verzehrt, ohne dass vorher davon etwas auf kleinen Altären geopfert wurde. Viele Gerichte werden auch für spezielle Zeremonien gekocht und erst nach den Ritualen gegessen. Die Zubereitung für große rituelle Feste dauert meist mehrere Tage und Kochen und Essen werden zum gesellschaftlichen Gemeinschaftserlebnis.

Hier eine Auswahl der wichtigsten Spezialitäten:

Nasi Campur

Nasi Campur ist ein Gericht, mit dem man sich wunderbar durch die indonesische Küche kosten kann. In der Mitte ist der Reis angeordnet und rund herum verschiedene Gemüse, Salate und Saucen.

Nasi Goreng

Vorgekochter Reis, der mit Gemüse, Zwiebeln und Fleisch gebraten wird. Traditionell ist *Nasi Goreng* ein Resteessen. Bestellt man es im Restaurant, wird es mit Spiegelei serviert.

Gado Gado

Gado Gado heißt „Durcheinander" und ist ein Salat, der aus verschiedenem Gemüse, Reis und Erdnusssauce besteht.

Jamu

Jamu ist ein traditionelles Heilgetränk auf Bali, das aus Rinden, Pflanzenauszügen, Blüten und Wurzelextrakten heimischer Gewächse gemixt wird. Die Rezepte werden von der Mutter an die Tochter weitergegeben, es gibt aber auch ganze Jamu-Läden. Eine beliebte, köstliche Variante, die man oft auf den Speisekarten in Cafés und Restaurants findet, ist der *Tumeric Jamu* aus Kurkumawurzel, Zitrone, Honig und Wasser.

Katzenkaffee – Kopi Luwak

Der teuerste Kaffee der Welt wird von der nachtaktiven Zibetkatze produziert. Mit Vorliebe klettert die Katze auf Kaffeebäume, verspeist dort nur die reifsten Kaffeefrüchte und scheidet die Bohnen in den Früchten weitestgehend unzerstört wieder aus. Durch die Fermentation im Verdauungstrakt wird der Geschmack der Kaffeebohnen auf einzigartige Weise verändert. Die ausgeschiedenen Kaffeebohnen werden vom Boden aufgelesen, abgeschält und geröstet. Die Produktion von 2,5 kg Kaffee auf traditionelle Art und Weise dauert zwei Wochen und beläuft sich auf höchstens 200–300 kg pro Jahr. Ein Kilo davon kostet bis zu 1000 Euro. Der Kultkaffee ist besonders weich, hat wenig Säure und kaum Bitterstoffe.

Warung

Warung heißt auf Indonesisch so viel wie „kleines, einfaches Straßenrestaurant". Aber es ist viel mehr als ein Ort, an dem man eine Kleinigkeit essen kann. Oft ist es sogar der wichtigste Treff im Ort. Hier begegnet man Freunden und je weiter man sich von den Touristengegenden entfernt, umso authentischer werden die Warungs in ihrer Multifunktionalität aus Café, Restaurant, Lebensmittelladen und Drogerie.

Ein beliebter Warung und berühmt für seine Schweinerippchen ist Naughty Nuri's Warung in Ubud. Auf simplen Holzbänken drängen sich hier die Gäste, während sie auf Nuri's Spezialität warten.

Naughty Nuri's Warung
Jl. Raya Sanggingan, Kedewatan,
80571 Ubud
Tel: 0062 (0) 361 977547
www.naughty-nuris.com
täglich 8.00 – 22.00 Uhr

Kaki Lima

Als *Kaki Lima* bezeichnet man die „fahrenden Garküchen", zweirädrige Karren, die das Straßenbild der Insel stark prägen. Hier werden meist von Javanern schmackhafte indonesische Snacks frisch zubereitet, z.B. *Bakso*, eine Suppe mit Fleischbällchen, Fleischspieße oder *Terang bulan*, Pfannkuchen.

Health Food Movement

Das Health Food Movement auf Bali ist beeindruckend und kann mit Kalifornien locker mithalten. So kann man sich mit Green Smoothies, Breakfast Bowls aus exotischen Früchten, Chia-Samen und Superfoods, makrobiotischen Rice Bowls, frisch gepressten Säften, Kombucha und Kokosnüssen verwöhnen. Kennzeichnungen der Gerichte als vegan, vegetarisch oder Conscious Eating auf Menükarten in Cafés, Restaurants und Hotels sind selbstverständlich.

UBUD ORGANIC MARKET

Jeden Samstagvormittag findet auf dem Platz von Pizza Bagus ein Farmers Market statt. Hier treffen sich Farmer und Händler aus Ubud und Umgebung und verkaufen Obst, Gemüse, Kräuter, Brot, Snacks und lokale Produkte in Bioqualität. Es ist zwar mit etwa 12 Ständen eher ein kleiner Markt, aber ein Besuch lohnt sich, wenn man in das lokale Ubud eintauchen will. Mittwochs findet der Markt im Kafé Arma statt.

Jalan Raya Pengosekan,
80571 Ubud
www.ubudorganicmarket.com
Mittwoch und Samstag
9.00 – 14.00 Uhr

HANDVERLESENE FERIENHÄUSER

Umah Tampih Villa

Inspiriert von der balinesischen Landschaft und Origami (*Umah Tampih* heißt auf Balinesisch Origami-Haus), hat der Architekt der modernen Villa ein Paradies aus minimalistischem Design, Naturelementen, warmen Tönen und magischen Licht- und Farbspielen geschaffen.
Am Ketawatan-Hang gelegen, bietet das Haus beeindruckende Blicke auf Reisfelder, das Tal des Ayung-Flusses und die Batukara-Berge. Drei großzügige Schlafzimmer, Lounge-Areas drinnen und draußen und der Infinity Pool bieten die ultimative tropische Erfahrung. Die Villa ist nur 10 Minuten von Ubuds Zentrum entfernt und ein Koch sowie Rund-um-die-Uhr-Service machen wunschlos glücklich.

Jalan Raya Kedewatan 2, No 15A,
Kedewatan, 80571 Ubud
Tel: 0062 (0) 361 8989438
Manager: 0062 (0) 813 37789064
www.umahtampih.com
Preise: ab $650 pro Nacht

Red Door

Hinter der roten Holztür im ruhigen Dorf Canguu versteckt sich eine Boutique-Luxus-Villa mit vier stylishen Zimmern (für max. 10 Personen). Eco-Chic, dänisches Design mit großzügiger Gartenanlage samt Pool, einem Biogarten mit Gemüse und Kräutern bieten die perfekte Mischung aus Indoor- und Outdoor-Life auf Bali. Zum Strand sind es nur 900 Meter, ein privater Chefkoch serviert balinesische Gerichte sowie hausgemachten Kombucha und auf Wunsch können private Yogaklassen und Massagen gebucht werden.

Jalan Pantai Pererenan
Gang Red Door 6
Canggu, Banjar Delodpadonan,
80531 Badung
Tel: 0062 (0) 811 3866041
www.reddoorbali.com
Preise: 4 Personen $496 pro Nacht,
8 Personen $744 pro Nacht

Hide Out Bali
Wollten Sie nicht schon immer mal eine „Off-the-Grid-Experience" machen? Dafür ist das Bambus-Haus von Alena und Jarmil perfekt. Es liegt idyllisch mitten im Reisfeld und an einem Fluss, in dem man sogar baden kann. Vom Schlafzimmer unter dem Dach kann man den Sonnenaufgang genießen und schönste Ausblicke auf die tropische Landschaft.
Statt TV und Wifi, das es hier bewusst nicht gibt, ist Hide Out Bali eine Einladung zu Meditation, gesundem Essen und langen Spaziergängen durch Reisfelder und Nachbardörfer. Selat ist 30 Minuten vom Meer entfernt und perfekt, um den Süden und Osten der Insel zu erkunden.
Hide Out Bali, Selat
hideoutbali.wordpress.com

Mehr handverlesene Ferienhäuser auf Bali unter:
www.boutique-homes.com

STRÄNDE IM SÜDEN

Die Strände im Süden der Insel sind so unterschiedlich wie Tag und Nacht, von ruhigen Sandstränden zum Relaxen bis zu wilder Küste zum Surfen und Wellenreiten.

Von Canguu bis Kuta
Mit teilweise sehr großen und starken Wellen, bietet der *Echo Beach* in Canguu beste Bedingungen zum Surfen und Wellenreiten, und die magischen Sonnenuntergänge ziehen Locals und Besucher gleichermaßen an. Das Meer ist hier etwas wilder, aber dafür sehr klar, die Strände haben den etwas gewöhnungsbedürftigen grauschwarzen Lavasand.
Kommt man weiter südlich, reiht sich

Strand an Strand geradezu nahtlos ineinander übergehend.
Touristisch geht es am *Double Six Beach* in Seminyak und am *Kuta Beach* zu, der auch als Partyhochburg bekannt ist. Der *Legian Beach* dazwischen ist etwas ruhiger und gehobener.

Bukit Peninsula

Will man Surfen, Schnorcheln oder einfach nur den Tag am Strand genießen, ist man auf der felsigen und heißen Halbinsel Bukit genau richtig. *Balangan, Dreamland, Impossibles, Padang Padang* und *Uluwatu* sind hier die bekannten Strände, die auch zu den weltbesten Surfspots zählen. Von felsigen Klippen und Hügeln kann man traumhafte Sonnenuntergänge beobachten, für Strandliebhaber gehört der Dreamland Beach mit seinem türkisfarbenen Meer, weißen Sand und jeder Menge Beachfeeling zu einem der schönsten Strände auf der Halbinsel.

Noch unbekannter ist der *Pandawa Beach* am Südzipfel der Insel und die Anfahrt entsprechend anspruchsvoll. Die nimmt man aber gerne in Kauf für ein wunderschönes Strandsetting aus weißem Sand und smaragdblauem Wasser.

AUSFLUG ZU DEN GILI-INSELN

Die Gili-Inseln sind ein Ausflugs-Highlight, auch wenn sie eigentlich zur Nachbarinsel Lombok gehören. Durch Schnellboote hat man von Bali aus eine gute Anbindung und der Hoteltransfer ist bei den Speedboat-Tickets inbegriffen.
Auf den Inseln erwartet einen ein

Paradies mit weißen Sandstränden, Kokosnusspalmen, türkisblauem Wasser und den schönsten Sonnenuntergängen. In je 2–3 Stunden kann man die Inseln zu Fuß umrunden. Jede der drei Inseln, Gili Trawangan, Gili Air und Gili Meno, hat ihren ganz eigenen besonderen Charakter.

Gili Trawagan – auch Gili T genannt, ist die größte der Gili Islands und bekannt als Partyinsel mit der besten Infrastruktur und den luxuriösesten Hotels.

Gili Meno – ist die kleinste und am wenigsten entwickelte Insel mit der geringsten Auswahl an Cafés, Restaurants und Hotels. Die ruhige Insel ist wunderbar zum Entspannen oder zum Schnorcheln und Tauchen. Hier gibt es auch ein Schildkröten-Heiligtum.

Gili Air – dort herrscht ebenfalls eine entspannte Atmosphäre wie auf Gili Meno. Es gibt ein kleineres Dorf und einige Warungs. Hier leben die meisten Gili-Insulaner (ca. 1500), was die Insel am lokalsten macht.
Anfahrt: mit dem Schnellboot von Padang Bai
2–3 Stunden Fahrtzeit
Preis ca. $60, Hotel Transfer ist im Ticket inbegriffen

BUCH- UND FILMTIPP

„Eat Pray Love" von Elisabeth Gilbert
Ein Buch, mit dem man wunderbar in den Bali-Spirit eintauchen kann und das die Herausforderungen beim Aufeinandertreffen von westlicher Welt und indonesischer Kultur aufzeigt. Mit Anfang 30 verlässt die New Yorkerin Elizabeth ihren Mann und nimmt sich eine Auszeit, in der sie eine Reise zu sich selbst antritt, die sie von Italien über Indien bis nach Bali führt. In Rom und Neapel lernt sie zu

genießen (Eat), in einem indischen Ashram wird sie in die Kunst der Meditation eingeführt (Pray) und auf der Insel der Götter findet sie die Balance zwischen innerem und äußerem Glück und begegnet Felipe, in dem sie eine neue Liebe findet (Love).

Die Verfilmung des gleichnamigen autobiografischen Bestsellers, mit Julia Roberts in der Hauptrolle, fasziniert durch unvergessliche Einblicke in die Schönheit der Originalschauplätze Italien, Indien und vor allem Bali. Der Film startet und endet auf der Götterinsel. Gedreht wurde vor allem in Ubud, unter anderem im Panchoran Retreat, beim Medizinmann Ketut, auf dem Markt und im Monkey Forest. Julia Roberts radelt durch die sanften Reisterrassen von Jatiluwih, als sie unsanft auf Felipe (Javier Bardem) trifft.

Die Bilder vom Kratersee des nebelverhangenen Vulkans Batur oder von Tenganan, dem Bergdorf, dessen Einwohner bis heute nach jahrhundertealten hinduistischen Riten und Traditionen leben, bieten einen tiefen Blick in die Seele Balis.

PERSÖNLICHKEITEN

Walter Spies (1895 – 1942)

Der deutsche Intellektuelle und Künstler Walter Spies hat Bali als Inspirationsquelle entdeckt und brachte den Surrealismus in den Dschungel. Auf der Suche nach dem urwüchsigen Indonesien zog er 1927 auf die Insel und baute auf einem malerischen Anwesen außerhalb von Ubud eine Residenz im einheimischen Stil aus verschiedenen kleinen Häusern, die in den 1930er-Jahren zum kulturellen Magnet Balis wurde. Charlie Chaplin schlürfte in seinem Garten Schildkrötensuppe und die Woolworth-Erbin Barbara Hutton gehörte neben Künstlern, Musikern und Schriftstellern zu

seinen Gästen. Nach dem Einmarsch deutscher Truppen in Holland wurde Spies interniert und nach Java und Sumatra gebracht und starb 1942 tragischerweise auf dem Weg nach Ceylon beim Untergang des Frachtschiffes.

Die wenigen Bilder, die Spies malte, sind eine faszinierende Melange aus russischer Folklore, Neuer Sachlichkeit, Surrealismus und dem exotischen Ambiente des Inselparadieses. Sie erzielen sechs- oder siebenstellige Dollarpreise, wenn sie auf den Markt kommen.

Robert (Bob) Koke

Als junger Fotograf aus Hollywood kam Robert Koke 1936 mit seiner Frau Louise nach Bali, um für ein paar Wochen auf der Insel zu malen und zu fotografieren. Der Amerikaner, der mit einem Long Board von Hawaii anreiste, hat die idealen Surfbedingungen von Bali erkannt und kurze Zeit später beschlossen, ein Beach Hotel am Strand von Kuta zu eröffnen.

Koke war der erste Surfer auf Bali, und Kuta Beach wurde zum Mekka unter den Surffans.

Währung:
Indonesische Rupiah
1.0 IDR = 0,07 Euro

Zeitverschiebung:
Bali ist während der Sommerzeit 6 Stunden, ansonsten 7 Stunden voraus.

Balinesischer Kalender:
Der Pawukon-Kalender ist ein numerischer Kalender, der vor allem auf Java und Bali verbreitet ist und einen Zyklus von 210 Tagen umfasst. Die einzelnen Jahre werden weder gezählt noch benannt. Jahresanfang ist immer ein Sonntag.

Verkehr:
Auf Bali gilt Linksverkehr und es herrschen spezielle Verkehrsregeln, der Stärkere hat immer Vorfahrt. LKWs und Busse haben Vorrang, die Fußgänger kommen zuletzt. Dazu gesellt sich die hohe Verkehrsdichte, hunderte von Mopedfahrern versuchen sich auf kleinster Fläche fortzubewegen und der Abstand zu allen Seiten zwischen Fahrzeug und anderen Verkehrsteilnehmern, wie Fußgängern, Straßenhändlern oder Tieren, ist extrem gering.
Deshalb ist es wesentlich entspannter einen Fahrer zu mieten. Buchen Sie den Fahrer am besten über das Hotel. Ein halber Tag kostet ca. $28.

Taxi:
Für kürzere Strecken empfiehlt es sich, ein Taxi zu nehmen. Die Preise für Taxifahrten sind relativ niedrig. Achten Sie unbedingt darauf, dass der Taxameter läuft. Hat ein Wagen keinen Zähler, sollte man unbedingt vorher den Preis aushandeln, ansonsten kann es unter Umständen unangenehm und teuer werden.

Empfehlenswert sind die blauen Taxis von der Blue Bird Group, die vor allem in Seminyak verbreitet sind.

Blue Bird Taxi
www.bluebirdgroup.com

Wetter:
Die beste Reisezeit für Bali sind die trockenen Monate von April bis Mitte Oktober mit Temperaturen um die 30

Grad Celsius. In den Sommermonaten Juli und August herrscht Hochsaison auf der indonesischen Insel und die beliebten Orte sind mitunter recht überfüllt.
In der Regenzeit, von November bis März, wechselt sich die Sonne immer wieder mit kurzen, monsunartigen Schauern und Gewittern ab und die Luftfeuchtigkeit steigt auf bis zu 95 Prozent, was recht schwül und drückend sein kann.

MEINE PERFEKTE WOCHE

Montag:

Dienstag:

Mittwoch:

Donnerstag:

Freitag:

Samstag:

Sonntag:

NOTIZEN

NOTIZEN

NOTIZEN

LUST AUF DAS WELTWEIT BESTE?

Die Buchreihen „Ein perfektes Wochenende ..." und „Eine perfekte Woche ..." werden vom Online-Travelguide www.smart-travelling.net in Kooperation mit Süddeutsche Zeitung Edition herausgegeben.

Auf smart-travelling.net gibt es:

- Handverlesene und aktuelle Tipps und Adressen für über 60 Städte und Regionen
- Blog mit kulinarischen Highlights und spannenden Interviews
- Direkte Buchungsmöglichkeit von Hotels

Reisen Sie mit uns um die Welt!

facebook.com/smarttravelling

instagram.com/smarttravelling